La Voie du Réel

Yoga tantrique - Retour à Soi

Nathalie Delay

La Voie du Réel

Yoga tantrique - Retour à Soi

Préface d'Éric Baret

SYNCHRONIQUE ÉDITIONS

Remerciements de l'auteure :
Un immense merci à Suzanne Ledoux, Morgane Hemmerlin et Serge Vidal pour leur soutien, leur relecture et leurs précieux retours.

Remerciements de l'éditeur :
Lennie Fortunier, Léa Lukowski, Éléonore Malenfer.

Illustration de couverture :
© Nathalie Delay, *La plénitude du vide*, 2017
Cycle 2, graphite et pastel sec sur papier, 25 x 25 cm.

Illustration des pages d'ouverture de parties :
© Nathalie Delay, *La plénitude du vide*, 2014
Graphite sur papier, 25 x 25 cm.

Synchronique Éditions
www.synchronique-editions.com

ISBN : 978-2-382390-16-0

À Daniel Odier, mon premier maître,
À Éric Baret, mon ami sur la voie,
Au maître Ultime.

Sommaire

Préface

« Je ne l'ai fait Voyager, dit le ḥadît *du Voyage, que pour qu'il voie les signes, non pas vers Moi. Aucun lieu en effet ne Me contient et le rapport que les lieux ont avec Moi est un seul et même rapport. Moi, pour Me contenir, le cœur de Mon serviteur croyant est assez ample. Comment donc le ferais-Je Voyager vers Moi, alors que Moi, Je suis auprès de lui et avec lui où qu'il se trouve. »*

- Ibn'Arabî, *Les Illuminations de La Mecque*[1], CCCLXVII

Le Vijñanabhairava Tantra n'est pas un système de développement personnel mais une aventure intérieure sans limite. Le voyageur audacieux devra s'y perdre pour que son exploration s'y révèle comme une louange de la Conscience, célébration de la vie. En effet, si la pratique intentionnelle ne peut que répéter nos limites, suivre l'inspiration comme celle proposée par le Vijñanabhairava Tantra ouvre l'espace nécessaire pour que l'énergie, qui s'y déploie librement, éclate nos restrictions mentales. De nombreuses approches de ce grand texte sont disponibles. Innombrables sont ceux qui se sont imprégnés de ces *ślokas*, même si, bien souvent, seule la réflexion ou l'imaginaire romantique de l'Inde tantrique y ont été projetés.

1. Ibn'Arabî, *Le Voyage spirituel*, traduit de l'arabe par Moreno Giannini, éd. Bruylant-Academia, collection « Sagesses Musulmanes », Louvain-La-Neuve (Belgique), 1995.

Offertes par Nathalie Delay, c'est tout le contraire : ces formules ne sont plus des pratiques à accomplir volontairement mais des révélations qui s'incarnent sans retenue. Visitées par notre écoute, ces suggestions scintillent d'intelligence.

Dans la formulation de Nathalie où la grâce s'incarne, rien d'égotique, de fabriqué ou de prétendu. La frêle silhouette de la personne disparaît dans les émotions du cœur : révélation où la perception devient le rituel, où l'activité n'est plus mue par la personne mais par la vie elle-même.

Quels sont les rythmes de notre texte ? Ce sont les voiles qui se déchirent inévitablement lorsqu'on laisse la perception s'affranchir de tout lien psychologique. Chaque situation est l'occasion de percevoir l'essentialité. Pour cela, une seule demande : regarder sans créer le mythique sujet-objet. La perception se libère de ses restrictions et se résorbe dans le cœur. Sans objet, le sujet se dissout et cette double absence n'est autre que ce que je suis quand je ne suis plus. Tel est le cadeau de Nathalie : elle nous prend dans notre limite et notre arrogance, et par ses mots inspirés, nous amène à elle-même, à nous-même.

Je n'aurais jamais pensé accepter d'écrire une préface en référence à un texte sanskrit commenté par quelqu'un d'étranger à cette langue. Celle-ci réserve certaines lumières internes à ceux qui vivent cette langue sacrée par le son et non par le sens. Cette fréquentation directe n'est possible qu'à celui qui s'immerge dans tous les aspects intimes d'une tradition. Mais ce que nous avons ici est irrésistible. Si la science sanscrite n'y est point, la révélation qui en est le cœur y résonne à chaque ligne. Puissent ces images abordées sans pensée nous ramener à leur origine qui n'est autre que nous-même.

Cette résonance appartient à tous et nous devons remercier Nathalie d'avoir su humblement et lumineusement rendre à ce texte son sens universel au-delà de ses spécificités religieuses traditionnelles.

Le voyage nocturne, *isrâ,* éloigne le serviteur de lui-même en le rapprochant de lui-même. Tel est le voyage sans retour.

Éric Baret

Introduction

À vingt-huit ans, un assèchement sournois se mettait en place dans ma vie de jeune adulte. Je ne savais comment l'enrayer et cela me désespérait.

C'est à cet âge, grâce à Daniel Odier, que j'ai découvert le Vijñanabhairava tantra, un des textes sacrés les plus anciens et les plus estimés de la tradition non duelle du shivaïsme du Cachemire. Il émanait de ce texte un mystère et une profondeur qui m'ont immédiatement fascinée.

Le Vijñanabhairava est un dialogue entre Bhairava[1] et Bhairavi[2], où Bhairavi demande à Bhairava de dissiper entièrement ses doutes au sujet de la Réalité ultime. Il synthétise sous forme de courtes stances appelées *dhāranā*, une variété unique d'expériences mystiques. Ce tantra est tout de suite devenu un allié sur mon chemin spirituel.

En tant que femme active, parisienne et mère d'une petite fille de deux ans, j'avais très peu de temps à accorder à une pratique formelle telle que la méditation ou le yoga. L'appel de l'intériorité résonnait fort en moi et il fallait que je trouve le moyen d'y répondre en tenant compte de mon contexte de vie. Dans la mesure où la plupart des dharanas sont une invitation à entrer dans une intimité de plus en plus profonde avec tous les aspects du réel, j'ai pu facilement les intégrer dans mon quotidien.

1. Shiva le terrible, créateur, protecteur et destructeur de l'univers.
2. La Déesse, Shakti de Bhairava.

Régulièrement, sans donner aucune explication, Daniel me donnait une ou deux dharanas comme support de méditation. Il avait confiance en mon intuition et me laissait découvrir comment explorer et vivre ce qui était formulé. Pour la jeune femme intuitive et créative que j'étais, en difficulté avec toute forme de dogmatisme ou d'intellectualisme, c'était extrêmement stimulant.

Chaque dharana était une nouvelle aventure. Afin qu'elles me révèlent leur secret le plus intime, je les relisais plusieurs fois jusqu'à les savoir par cœur ou bien je les écrivais sur un bout de papier que je gardais dans ma poche. La compréhension intellectuelle ne m'intéressait pas. Je voulais toucher le cœur de ce qui était formulé, entrer dans la substance de chaque dharana. Toutes me mettaient au défi de reconnaître l'Ultime qui se cache sous les traits d'une personne, d'un événement ou d'une sensation. Toutes m'intimaient de lâcher mes résistances afin de découvrir l'origine commune à l'ensemble de la manifestation. Cette manière d'entrer dans une voie spirituelle, en prise directe avec la réalité, a radicalement transformé mon quotidien. Celui-ci s'est révélé être un terrain d'exploration d'une richesse insoupçonnée. Grâce au Vijñanabhairava, la réalité retrouvait du goût et de la substance. Chaque circonstance de la vie se transformait en opportunité d'atteindre une liberté et une intrépidité de plus en plus grandes. Ce tantra est une source d'inspiration vivante qui peut nous accompagner tout au long de notre vie. Pour ma part, cela fait vingt-six ans que je le côtoie et je ne m'en lasse pas. La sagesse qu'il transmet est vivante. Notre sensibilité de femmes et d'hommes modernes peut, sans difficulté, entrer en résonance avec les expériences qu'il propose. La fraîcheur et la liberté qui émanent d'elles les rendent intemporelles.

Le Vijñanabhairava s'adresse avant tout à notre intelligence intuitive. Il nous encourage à explorer nos perceptions, nos pensées, nos actes et à expérimenter l'unité dans n'importe quel contexte, même dans ceux qui paraissent défavorables comme la haine, le désir, la jalousie ou le désespoir. Il nous invite à plonger au cœur de l'expérience humaine pour découvrir notre véritable identité. L'ensemble des dharanas pourrait se résumer à cette unique proposition : « En cette circonstance, accède à l'ultime Réalité. Dans cet état, reconnais ta vraie nature – le Soi. » Paradoxalement, la simplicité et la radicalité des dharanas les rendent parfois difficiles d'accès. Nous avons tendance à chercher l'Ultime ailleurs que dans la réalité de l'instant.

Mon souhait en écrivant ce livre n'est pas de proposer un commentaire des cent soixante-trois dharanas du Vijñanabhairava, mais de partager mon expérience de pratiquante. C'est pourquoi j'ai choisi de présenter uniquement les dharanas que j'ai éprouvées dans ma chair. Je me suis permis d'en proposer une transcription libre à partir de différentes traductions dont vous trouverez la liste dans la bibliographie en annexe. Le texte qui les accompagne évoque la manière dont je me les suis appropriées et comment elles se sont intégrées dans l'ordinaire de ma vie. Je ne souhaite pas pour autant m'ériger en modèle. Il est essentiel de faire confiance à ses propres perceptions et de suivre son intuition afin d'éprouver par soi-même ce qui est formulé. Notre nature sait déjà ce que notre mental ignore, aussi ne nous laissons pas détourner par les doutes et les spéculations. Sans entrer dans une expérience directe, il est impossible de comprendre en profondeur un enseignement spirituel.

La compréhension intellectuelle est importante mais elle ne suffit pas. Il s'agit de ressentir en soi que le Soi n'est pas une simple notion métaphysique mais un vécu palpable. Les différentes voies d'accès à l'Ultime, exposées par le Vijñanabhairava, ne nécessitent pas la maîtrise de techniques particulières. Elles exigent cependant un cœur passionné et audacieux. Un désir ardent de s'engager, de tout son être, dans les situations que la vie offre.

L'ordre des dharanas, regroupées par thèmes, ne respecte pas celui du texte original. Il correspond à la chronologie de ma propre plongée dans la profondeur du Réel. À l'intérieur de chaque thématique, c'est cette même chronologie intérieure qui prévaut. Chaque texte forme un tout cohérent et peut être lu de manière indépendante. Il n'est pas nécessaire de lire cet ouvrage de manière linéaire. Vous pouvez l'ouvrir au ressenti et recevoir la dharana qui apparaît comme étant l'exploration du jour.

L'enseignement de ce tantra est inépuisable. Au fur et à mesure de notre immersion dans la substance de l'instant, sa profondeur sans fond se révèle.

Je remercie du fond du cœur son auteur. Je me sens proche de lui malgré les siècles qui nous séparent. Je pressens la même aspiration que lui à réaliser l'Absolu au sein de l'ordinaire. Un désir constant d'être en contact direct avec l'instant, en dehors des créations et des croyances du mental. Et une même soif de plonger à la racine de soi au sein même de cette vie.

Puisse cet ouvrage vous inspirer et vous donner le goût de l'Infini !

Mot de l'éditeur

L'approche de Nathalie Delay se veut intime au lecteur : son écriture appelle au partage, elle est de l'ordre de la transmission, de l'expérience et du ressenti. De ce fait, l'auteure et nous-même éditeur avons pris le parti d'écrire en sanskrit uniquement la première occurrence des termes en cette langue, comme pour le mot *dhāranā*, puis nous les avons francisés dans un souci de fluidité de lecture et de dépassement du contexte culturel.

À la lecture du texte, vous remarquerez également que nous avons privilégié, en fonction du contexte, l'accord du terme « nous-même » au singulier pour renvoyer à l'individualité de chacun.

I

Le corps
Le souffle

Les repos à plein et à vide du souffle

25. Si l'on s'exerce sans interruption
sur le couple des espaces vides interne et externe
des souffles inspiré et expiré, l'essence de Bhairava[3]
qui n'est pas différente de Bhairavi[4]*, se révèle.*

Le corps respire sans que nous ayons besoin d'y penser. Le souffle entre et sort en un va-et-vient continu. Observer ce mouvement naturel sans le troubler et noter combien il est difficile de ne pas interférer. Pourtant, si nous demeurons à l'écoute, petit à petit le souffle s'harmonise.

Goûter la saveur particulière de l'inspiration, puis de l'expiration. Sans effort, laisser s'allonger et s'approfondir l'expiration. À la fin de l'expiration, sans rien bloquer, le souffle naturellement se suspend. Nous touchons un instant de pure tranquillité.

Le temps linéaire s'arrête, nous avons le sentiment de faire un saut dans l'éternité. Puis la vague du souffle reprend. Le corps se remplit, se déploie. Recevoir l'inspiration. Lorsqu'elle se termine, sentir le plein, sans s'y accrocher. Laisser la vague redescendre, le corps se vider. Prendre le temps, puis se poser dans le vide qui suit pour en percevoir la délicate saveur.

---

3. Le vide interne, l'essence, Shiva.
4. Le vide externe, l'énergie, Shakti.

Chaque pause est pleine d'une vie subtile. Celle de l'inspiration semble lumineuse, chatoyante, celle de l'expiration plus sombre. Cette dernière peut faire peur et nous faire ressentir une puissance sourde qui nous attire dans une profondeur sans fond. Aussi, nous avons souvent du mal à laisser cette pause pleinement se déployer.

Cette dharana, ma première pratique spirituelle, m'a introduite au ressenti du repos à plein à la fin de l'inspiration, et du repos à vide à la fin de l'expiration.

Depuis le tout premier moment où je l'ai lue, pas un seul jour ne s'est écoulé sans que je ne porte, pendant quelques secondes, toute mon attention sur ces temps de pause. Mes journées de mère parisienne hyperactive étaient ponctuées de ces petites échappées où j'oubliais tout pour me donner au ressenti des pauses. J'ai associé cette pratique à des activités répétitives pour ne pas l'oublier. Par exemple chaque fois que j'étais assise dans le bus, que je me lavais les mains ou que j'étais à l'intérieur de la salle de tirage des films dans l'agence de communication pour laquelle je travaillais. Il y avait un bruit infernal dans cette salle et en général on y entrait un par un. Cette occasion de me retrouver seule, hors de la vue de mes collègues, était devenue mon espace de pratique privilégié au travail. Pendant qu'un film sortait, je respirais tranquillement et j'observais la texture particulière du vide à la fin de l'expiration ou de l'inspiration.

Cette dharana est un moyen à la fois simple et précis d'entrer dans une pratique formelle.

Le fait de l'intégrer dans ma vie courante a eu un impact important sur mon niveau de présence. Cette pratique m'a permis de ramener de la conscience au sein de mes actes et d'enrayer l'automatisme dans lequel j'étais en train de m'enliser.

Elle ne m'a jamais quittée. Elle peut s'affiner et s'approfondir sur un tapis de yoga. Elle participe de chaque posture, comme elle accompagne chaque geste du quotidien.

Laisser le temps aux pauses de se déployer permet de casser la précipitation dans laquelle nous avons tendance à tomber. Ce repos du souffle permet de toucher l'éternité qui gît au cœur de l'instant. Dans la pause de l'inspiration, nous découvrons la qualité de création de l'instant et dans la pause de l'expiration, sa qualité de disparition. Tout ce qui arrive est nouveau, tout ce qui se termine est définitivement fini et ne se reproduira jamais. La réalisation de cette vérité nous emmène vers l'espace indifférencié, le fond tranquille qui sous-tend toute la manifestation et qui est à l'origine du souffle. Cet arrière-plan d'une apparente immobilité n'est pas inerte. Le souffle est là, dans son aspect subtil. L'absence de caractéristiques connues nous donne l'impression d'être face au vide, alors qu'il s'agit d'une pure Présence que le mental ne peut pas objectiver. Devant l'impossibilité de saisir cette Présence, le *moi* disparaît.

Il ne reste que l'Être.

La plénitude du corps et de l'univers

65. Considère à la fois l'univers et ton corps,
dans leur totalité, emplis de félicité.
Ressens ce nectar au plus intime de ton être
et identifie-toi à cette suprême plénitude.

À dix-huit ans, subitement, l'appétit est parti. Je trouvais vulgaire de manger et ne désirais plus nourrir mon corps. Je voulais qu'il devienne transparent. Me sentir libérée de ce besoin trivial m'exaltait. Coupée de la sensation du corps, je m'enivrais dans l'éther d'une présence de plus en plus désincarnée. Mais le chemin était mortifère et beaucoup de souffrance se cachait dans ce désir fou de ne devenir qu'une âme.

Cette dharana est l'une des premières dharanas avec laquelle je suis entrée en résonance, je pressentais qu'elle allait m'aider à retrouver un corps vivant. Ma diète prolongée l'avait rendu muet et je ne savais pas comment renouer contact avec lui. J'ai longtemps cru que le corps n'était que de la viande, de la matière inerte, qui m'empêchait d'aller vers un Absolu que j'imaginais en dehors du monde matériel. Voilà qu'un livre sacré m'invitait à le ressentir saturé de félicité divine ! Quel défi pour celle qui voyait le corps comme un aspect grossier de son incarnation. J'ai cessé de nier mon corps et j'ai commencé à écouter cette masse vivante avec respect. J'ai pressenti qu'il était animé par la pulsation de l'Absolu lui-même. Aussi, je n'avais plus envie de m'en extraire mais de plonger dans son mystère.

Intriguée et curieuse de ressentir ce qui était suggéré, j'ai écrit cette stance sur un bout de papier. Je l'ai mise dans ma poche, telle une ordonnance subtile et plusieurs fois par jour je la lisais, jusqu'à la mémoriser. Chaque jour, je m'exerçais à vivre ce qu'elle énonçait.

J'ai commencé par visualiser le sang, tel un liquide lumineux et brillant, qui se répand dans l'ensemble du réseau veineux, des artères jusqu'aux minuscules veinules qui imprègnent les tissus du corps, des plus internes, les os, aux plus externes, la peau. Peu à peu, la visualisation a laissé place au ressenti. J'ai commencé par sentir les différents courants qui l'animent, puis j'ai découvert son volume, son épaisseur, en lesquels je peux plonger toujours plus profondément. J'ai retrouvé la joie d'un corps habité de présence.

Le corps est un organe de perception à part entière et c'est à travers son extraordinaire sensibilité que nous pouvons toucher l'Absolu au sein de la réalité quotidienne.

C'est lui qui donne de l'épaisseur à nos expériences transcendantes et nous permet de ne pas stagner à la surface du réel dans des révélations intellectuelles qui manquent de substance. Sans la pleine participation du corps, impossible de toucher la profondeur de la réalité. Car il s'agit de toucher l'Absolu, de ressentir sa plénitude au cœur de notre chair pour réaliser qu'il est en tout ce qui existe. Le corps appartient à la Vie pourtant nous le considérons comme notre objet. Nous lui infligeons toutes sortes d'idéologies qui le déforment et le dénaturent. Nos habitudes et nos attitudes le débilitent et lui font perdre sa fluidité naturelle. Offrons-lui l'espace de revenir vers sa vérité originelle.

Un corps vibrant de vie nous rend perméables à l'environnement. Tout ce qui nous entoure, quelle que soit sa distance, nous touche au plus intime de notre être. Lorsque nous réalisons notre origine commune avec toute chose, nous goûtons alors l'ambroisie dont est gorgé l'univers entier.

Seule la croyance en une séparation illusoire nous coupe de la félicité qui sommeille en nous.

À LA FIN DE L'EXPIRATION

27. À la fin de l'inspiration ou de l'expiration
le mouvement se suspend, l'énergie s'apaise.
Dans cette pause l'essence apaisée se révèle.

Mourir à la fin de chaque expiration. Se laisser fondre dans le repos qui suit et goûter la saveur unique de son propre anéantissement. L'espoir de réussir, de trouver quelque chose, nous quitte. Notre histoire s'évanouit. Nous vivons un moment de reddition complet où le temps disparaît. Surtout ne pas compter le temps de rétention, ne pas chercher à l'allonger car ce serait porter atteinte à cet espace où le temps n'existe pas. Il s'agit de laisser nos intentions se dissoudre dans cette pause. Elle s'allonge d'elle-même, sans effort. Ce non-temps est une porte vers l'Essentiel.

La panique peut vite monter face à la sensation de dissolution. On a du mal à se laisser aller, aussi, ne laisse-t-on pas le vide s'étaler. On s'empresse de le remplir avec la prochaine inspiration. Pourtant, dans le vide qui suit l'expiration se trouve une plénitude qu'aucun objet extérieur ne pourra jamais nous apporter. Il s'agit de la plénitude de notre essence. Lorsque le besoin de se considérer comme une entité autonome disparaît, nous pouvons fondre dans la pure présence et savourer le nectar de l'unité.

La pause de l'expiration est un moment privilégié pour réaliser l'identité illusoire à laquelle nous nous sommes liés par méconnaissance. Dans cet arrêt de toute activité, notre vraie nature resplendit si nous lui laissons l'espace de le faire.

Entretenir toutes sortes de convictions, d'opinions, de jugements, de certitudes à notre sujet, au sujet des autres et du monde empêche notre esprit de se détendre. Laissons-nous goûter la détente innée qui gît au centre de notre être. Immergés dans ce fond de pure présence, la pause de l'expiration s'étale. Les différents temps respiratoires se placent avec légèreté sur la pause de l'expiration, sans jamais la recouvrir. Un sentiment d'éternité apparaît. Il anéantit toutes les peurs. L'entité individuelle s'avère pure illusion, il ne reste qu'un espace immense de liberté.

Un jour où l'envie d'en finir avec cette vie était très forte, je me suis fermement assise à même le sol et je me suis dit : « Tu veux mourir ? Très bien ! Alors vas-y, donne-toi au ressenti de ta propre mort, de la respiration qui s'arrête… » Je me suis sincèrement laissée prendre par ce désir d'anéantissement. Je savais que je n'aspirais pas à la mort physique mais plutôt à la fin de la tyrannie de mon mental. Rapidement, un apaisement est venu du tréfonds de l'être. Je n'étais plus en lutte contre moi-même. Je m'enfonçais dans ma profondeur, sans retenue. L'énergie puissante contenue dans le désir irrépressible d'en finir m'avait servi de passeuse vers les rives du Soi. Le simple fait de me donner complètement à son courant a anéanti l'anxiété maladive de mon mental. Une douceur et une paix jusqu'alors inconnues m'ont envahie. En faisant oblation de mon ego, j'ai pu goûter l'indicible saveur de ma vraie nature.

À LA LISIÈRE DU SOMMEIL

75. Lorsque le sommeil n'est pas encore venu
et que le monde extérieur s'est estompé,
au moment où cet état devient conscient,
la suprême Déesse se révèle.

Pendant de nombreuses années, la prise de conscience de l'état intermédiaire entre la veille et le sommeil avait tendance à provoquer chez moi des insomnies. Pour l'anxieuse que j'étais, ce moment de pur lâcher-prise, où l'on se sent plonger dans l'espace infini, réactivait mon besoin de contrôle.

Pour que mon organisme se détende malgré un système de vigilance hyperactif, je me suis mise à apprivoiser cet entre-deux pendant les siestes. Mon corps entrait dans une profonde détente, proche du sommeil, mais je restais consciente. Je profitais de cette détente pour explorer plus profondément le lâcher-prise. Je me suis abandonnée avec de plus en plus de confiance et de volupté. Je sentais mon corps récupérer alors qu'une partie de moi restait alerte, dans une observation neutre et bienveillante. Je n'avais plus qu'à savourer ce total abandon jusqu'à ce que le réveil se produise par lui-même.

Ces siestes m'ont aidée à vivre le passage de l'endormissement avec de plus en plus de sérénité et de lucidité.

C'est important de se préparer au sommeil. Allongé dans le noir, laisser les pensées défiler sans ajouter de commentaires. Laisser le souvenir de la journée s'estomper, le monde disparaître. Ne plus se préoccuper de rien et se donner au pur ressenti. Le poids des draps, leur texture, leur odeur, la souplesse du matelas dans lequel le corps s'enfonce. Sentir le courant de l'inspiration et de l'expiration traverser le corps. Se donner complètement à la sensation que procure le fait de se déposer, de s'abandonner et d'oublier. Les pensées se raréfient. L'arrière-plan de pure présence devient perceptible. C'est l'entrée dans l'espace du Soi. Cela s'apparente à un saut dans le vide où tous les repères connus disparaissent.

Dans ma vie de pratiquante, j'ai régulièrement fait des rêves où je tombais dans un gouffre abyssal. Pendant longtemps, je me suis réveillée en sursaut dès le début de la chute avec un sentiment de frayeur intense. Puis je me suis familiarisée avec les sensations de dissolution et d'ouverture. J'ai pu alors, en rêve, vivre sans appréhension cette chute dans l'abîme jusqu'au fin fond du gouffre. Au fond de ce trou noir, immanquablement, une lumière très vive irradiait qui brûlait toutes les images. Je m'éveillais dans un état d'extase intense.

Ces rêves ont dissous mon hypervigilance. Le réflexe de tenir ou de contrôler a laissé place à la douceur de l'abandon. Maintenant, dès que je m'allonge, la dissolution dans la détente est instantanée. J'oublie tout dans l'instant et goûte l'immensité de l'espace indéfini. C'est un pur moment d'extase parce que plus rien ne tient ni dans le corps ni dans le mental. Il n'y a plus à se préoccuper de quoi que ce soit. Le lâcher-prise est total.

Il ne reste plus que le pur ressenti d'être, sans forme ni contour, qui s'étend à l'infini.

Le passage entre veille et sommeil nous enseigne quelque chose de profond : quand le *moi* se détend, nous retrouvons notre nature illimitée. Il n'y a donc rien à faire, uniquement se laisser mourir dans l'espace de la pure Présence, de la pure Conscience. Tous les soirs, nous avons cette grande opportunité.

Le corps réel

43. Contempler l'espace vide en son propre corps dans toutes les directions à la fois libère l'esprit de la pensée duelle. Tout devient espace, Conscience.

Sentir, tour à tour, l'avant, le côté gauche, le côté droit, l'arrière du corps en contact avec les vêtements, le sommet du crâne en contact avec l'air, le plancher pelvien si on est assis, la plante des pieds si on est debout, en contact avec le sol. Ensuite, sentir tous les côtés en même temps – un seul ressenti, global. Sentir, puis inspirer successivement dans l'espace situé devant le corps, à gauche, à droite, à l'arrière, au-dessus et en dessous. Ensuite, inspirer dans toutes les directions à la fois, expirer en revenant au centre.

Laisser la sensation s'étendre plus loin, dans toutes les directions, à l'inspiration. À l'expiration, ne pas revenir au centre ; expirer dans la terre, dans le ciel, vers le sud, l'est, l'ouest et le nord. Le souffle s'étale dans l'espace, il remplit la pièce, traverse les murs, le sol, le plafond, sans qu'aucun obstacle ne le freine.

La sensation du corps suit la dilatation du souffle. Le sentiment d'être localisé et circonscrit dans l'image du corps physique s'estompe. Si le mental n'objective pas ce vécu, nous goûtons la pure sensation d'être qu'aucune frontière ne restreint.

Le corps ressenti n'a pas de forme fixe, il change en permanence. Il n'est ni limité ni localisé. Cependant l'habitude d'objectiver le corps et de le restreindre à une image tend à le figer. Nos mouvements de refus, de défense, de préhension, d'impatience et d'inquiétude le contractent et lui font perdre sa fluidité naturelle. Sa qualité vibratoire s'atrophie. Il devient opaque, lourd.

Le yoga tantrique du Cachemire permet de prendre contact avec cette couche de réactivité et de doucement la dissoudre. Les pauses explorées dans le ressenti, sans volonté, révèlent une palette de sensations d'une richesse et d'une subtilité infinies. Libres de saisie et de contrôle, elles se déploient et nous mettent face à la réalité d'un corps malléable qui rayonne dans toutes les directions.

L'identité égotique se construit et se maintient via l'image du corps. Son besoin constant de s'affirmer et de se défendre étouffe notre réalité vibratoire. Découvrir par l'expérience directe l'irréalité de notre limite remet sérieusement en cause l'idée d'être une entité séparée.

Le corps, souvent réduit à un organe de préhension et d'affirmation par l'ego, est en fait un organe de réception hypersensible qui connaît, de manière innée, l'unité avec toute chose. Lorsque nous sommes déposés dans notre présence, le besoin d'entretenir une identité individuelle et de la protéger s'allège. La crispation égotique se relâche. Le corps retrouve transparence et légèreté. L'unité avec la totalité peut alors se vivre en toute simplicité.

Les deux points d'émanation du souffle

24. La suprême énergie, dont la nature est de créer, se manifeste dans la respiration. Maintiens l'esprit dans les deux points d'origine de l'inspiration et de l'expiration et connais la plénitude.

Cette dharana parle de l'énergie, la force vitale qui anime l'ensemble du vivant et qui est étroitement liée à la respiration. Plus la respiration s'allège et s'intériorise, plus elle devient vibration – énergie.

Maintenir l'attention à la fois en haut et en bas nous oblige à ouvrir le champ de notre présence et nous permet d'être moins ramassés en une seule partie du corps.

Pendant longtemps, je n'ai pas pu sentir ces deux points en même temps car je m'en faisais une image. Mon attention allait et venait de l'un à l'autre sans pouvoir les embrasser en simultané. Au fur et à mesure de ma plongée dans le pur ressenti, les points devenaient des espaces vivants, sans délimitation précise. Je les sentais simultanément en haut et en bas, de même que complètement dilatés dans l'espace.

Il s'agit de ne pas imaginer ces points mais de laisser le vécu vibratoire nous révéler leur existence subtile. En dehors de la vision duelle propre au mental, notre ressenti reste global. Les localisations précises continuent d'exister comme des conventions légères mais sans jamais recouvrir l'espace illimité. Seule l'actualisation de ce vécu permet de ressentir simultanément la vibration subtile qui siège en chaque centre et le souffle qui s'étale dans toutes les directions.

L'espace du Soi réunit toutes les polarités, la plénitude illimitée se révèle alors être notre nature.

La pulsation du Soi est à l'origine du mantra suprême *haṃsa*[5]. On peut l'entendre se répéter silencieusement avec la respiration – *haṃ* à l'inspiration, *sa* à l'expiration. *Haṃsa* signifie : « je suis Cela », « Cela » signifiant le Soi Suprême. Ce mantra résonne, à l'infini, dans la totalité de l'univers.

Pour que l'inspiration se développe à partir du vide de la pause, sans que le mouvement ascensionnel qui suit ne fasse disparaître l'espace de cette pause, il faut s'habituer à ne rien saisir afin de se laisser dilater par le souffle. La moindre intention d'orienter le processus l'altère. Le défi de cette pratique réside dans la qualité de notre ouverture et la finesse de notre perception. Il nous faut apprendre à laisser les cadres et la volonté se dissoudre. Se familiariser avec un ressenti global pour pouvoir nous situer à la fois dans les points du haut et du bas, comme dans l'espace qui les englobe et les réunit.

Il s'agit d'expérimenter par soi-même et d'avoir confiance en son intuition. Les espaces vibrants à l'origine de l'inspiration et de l'expiration se découvrent par une exploration fine et patiente, exempte d'exploit. Il nous faut observer, chaque jour, nos mécanismes de défense et de contrôle pour doucement vider la respiration de ses

5. Cf. dharana 156 p. 100

restrictions et de ses automatismes. Le souffle peut alors s'épanouir sans limite. Il se révèle être un continuum vibratoire dont les variations se déploient à l'infini.

Ce souffle subtil n'est que vibration ; il s'agit de la suprême Énergie. Cette énergie, à la fois délicate et intense, sature notre être, même si nous n'en avons pas conscience, car sans elle aucune forme vivante ne pourrait exister.

À l'inspiration, tel un courant subtil, elle s'élève à partir du bassin jusqu'au firmament. À l'expiration, elle descend rejoindre le centre de la terre.

L'espace vide à l'intérieur du corps

48. Considère la peau du corps
comme une simple membrane
à l'intérieur de laquelle il n'y a rien.
Deviens cet espace vide,
qui est au-delà de tout objet de méditation.

Nous avons tendance à ressentir la peau comme une barrière hermétique qui nous protège et nous isole de l'environnement. Pourtant cette impression ne correspond pas à la réalité organique de la peau. Cette membrane poreuse, surface d'échange entre l'intérieur et l'extérieur, respire. Lorsque nous sommes très tendus ou sur la défensive, les pores de la peau se rétractent et forment une cuirasse insensible. Dans les moments de grande détente, la respiration physiologique ralentit, les pores s'ouvrent et nous respirons avec toute la surface de la peau. L'enveloppe de chair n'est plus vécue comme une frontière impénétrable, mais comme une membrane souple et transparente où le souffle circule avec aisance et légèreté.

L'espace du dehors communique avec l'espace du dedans. Ces deux espaces sont-ils fondamentalement différents ? Est-ce qu'à l'intérieur c'est moi et à l'extérieur de la peau ce n'est plus moi ? Pourquoi suis-je obligée de me limiter à la frontière de la peau ? Pourquoi ne puis-je pas habiter l'espace qui est autour ? Lorsque j'ose ressentir l'espace juste au-dessus de la peau, le contenant disparaît, il ne reste plus qu'un continuum de présence.

Parfois, je joue à malaxer l'espace entre mes mains ; la sensation de chaleur, la radiation deviennent de plus en plus palpables. Au fur et à mesure que la perception se concrétise, mon esprit s'apaise et s'élargit. Il s'enracine dans la profondeur du bassin. Le mental disparaît. Un immense silence, profond, abyssal, s'installe. J'en suis toujours impressionnée. Il absorbe les bruits du monde alentour. Je passe les mains devant le corps. Elles montent, descendent. Je ressens le même courant d'énergie à l'extérieur et à l'intérieur. Si je ne m'objective pas – c'est-à-dire que je ne me transforme pas en objet et que je reste dans le pur vécu – ce courant n'est pas scindé par la frontière de la peau. Il est Un.

Avec chaque inspiration, nous pouvons visualiser la peau qui s'étend, comme si l'espace contenu dans la matière du corps se dilatait avec l'inspiration. Sur l'expiration, nous restons avec le ressenti d'expansion. Nous pouvons continuer à nous étendre jusqu'aux confins de l'univers. Nous avons alors le sentiment que le corps n'est plus qu'espace. Toute sa substance, toutes ses structures se sont tellement ouvertes qu'il ne reste plus qu'une sensation de vide animé par le souffle. Au cours de ce phénomène d'expansion, la matière devient de plus en plus lumineuse.

La peau perforée de toutes parts par les pores est imprégnée d'air. Elle n'existe pas en tant que membrane isolée puisqu'elle est étroitement imbriquée dans les autres tissus du corps avec lesquels elle forme un continuum jusqu'à la moelle épinière. Les tissus corporels eux-mêmes, constitués en grande partie de vide, sont imprégnés d'air. L'éther intérieur n'est pas séparé de l'éther extérieur. Ils forment un tout animé par le souffle de l'univers avec lequel notre propre souffle se confond.

Pour vivre cette expérience, il est nécessaire que l'ancrage dans le bassin soit stable et solide afin de pouvoir s'aventurer, sans chavirer ni se noyer, dans l'océan illimité de la pure Présence.

La lenteur

83. Si l'on meut le corps lentement,
le mental se calme
et l'on entre dans le flot divin.

Le mental, qui a tendance à s'agiter et s'impatienter, impose au corps un rythme qui n'est pas naturel et le met souvent dans un état de précipitation. Sous son contrôle, nos gestes deviennent brusques. Le corps se raidit dans des attitudes qui reflètent l'ambition, l'avidité et l'inquiétude de l'ego ; il perd sa fluidité innée.

Devant ce constat au goût amer, nous pouvons nous sentir désespérés. Mais notre corps est constitué d'une matière malléable en perpétuelle transformation. Et malgré nos croyances erronées qui affirment que les choses sont figées et irrémédiables, il n'est jamais trop tard ! Quels que soient notre âge ou notre condition physique, il est possible de vider le corps des automatismes et des conditionnements infligés par l'ego, afin qu'il retrouve le rythme qui correspond à sa vraie nature.

Appliquons-nous à ralentir nos mouvements au sein de n'importe quelle activité quotidienne : en buvant une tasse de thé, en enfilant nos vêtements le matin, en ouvrant et en fermant une porte, en lavant la vaisselle, en balayant le sol, en rangeant du bois. Le corps, grâce à ce ralentissement, est libéré de la pression de l'ego et peut ainsi retrouver son intelligence originelle. Un geste lent déjoue l'agitation et l'empressement du mental et nous aide à renouer avec la réalité du corps. Le corps vivant est une perception de l'instant et le mental ne peut ni conceptualiser ni contrôler cette instantanéité. C'est d'ailleurs pour cette raison qu'il supporte mal la lenteur et a tendance à très vite détourner notre attention de cette pratique trop simple, donc trop radicale pour lui. L'ego ne peut plus imposer d'impératif de performance, il est obligé de se déposer dans une position humble où il laisse advenir une vérité qui le dépasse et qui vient de la profondeur de notre être.

En allant doucement, au début on peut se sentir maladroit et raide parce que l'on est déconnecté de notre vrai centre de gravité. D'ordinaire, on meut notre corps essentiellement à partir de la volonté de l'ego dont le centre se situe dans la partie haute du corps. Pour exécuter un geste lent, nous devons descendre dans la profondeur de notre bassin et renouer avec notre vrai centre de gravité – le siège de l'être. À partir de ce centre, nos mouvements sont naturellement habités de présence et de conscience. Il n'est alors plus nécessaire de s'adonner délibérément à la lenteur, mais plutôt de s'habituer à laisser nos gestes partir du fond de l'être. Nos mouvements s'allègent. Nous avons le sentiment qu'ils se font seuls, sans notre intervention. Portés par une force qui vient de notre tréfonds, ils ne demandent plus d'effort. Leur rythme s'harmonise avec la réalité de l'instant. Le simple fait de reprendre contact avec notre vrai centre de gravité apaise le mental et plus aucun sentiment d'urgence ne vient précipiter nos gestes. On ne se sent plus scindé en deux, le mental et le corps fonctionnent de concert au sein d'une tranquillité vivante et audacieuse. Il est alors possible d'expérimenter une extrême rapidité, précise et agile, sans perdre sa tranquillité.

Le secret de cette dharana, finalement, c'est cet alignement total où il ne reste plus qu'une unité vivante composée à la fois de notre corps, de notre esprit et de la totalité de l'univers. Nous sentons, à partir de notre tréfonds, se déployer une puissance immense. Notre unique tâche se résume à ne plus nous laisser captiver par les constructions du mental pour que notre corps devienne de plus en plus perméable au flot divin.

II

Les sens

LA JOIE DE MANGER ET DE BOIRE

72. Lors de l'expansion causée par la joie
de savourer nourriture et boisson,
adhérer de tout son être à cet état d'abondance
et devenir la suprême Félicité.

Une expansion naturelle se produit dans le corps lorsque nous lui donnons à boire ou à manger. Pour mieux recevoir les nutriments les organes s'ouvrent comme les feuilles sous la pluie se déplient. Leurs tissus lubrifiés par l'essence de la nourriture se déploient.

Pour ressentir cette expansion, plusieurs conditions sont requises. Tout d'abord, il faut que la nourriture ou la boisson que l'on avale soit vivante, c'est-à-dire la moins transformée possible.

Ensuite, il est important que le corps ne soit pas stressé par nos affaires relationnelles, professionnelles ou existentielles. Libre de toute préoccupation, prendre le temps de mâcher, de sentir la nourriture devenir un doux nectar sous l'effet de la salive et de ressentir ce nectar couler dans notre gorge.

Trop souvent, notre mental affairé nous éloigne de ce qui est là et ne nous laisse pas goûter la saveur des aliments. Prendre le temps de déguster un repas, même frugal, ne l'intéresse guère. Il préfère penser à ses nombreuses affaires personnelles, familiales, professionnelles, ou encore se lancer dans des controverses animées avec ses voisins de table.

L'idéal serait de manger en silence, de ne pas entrer dans des débats enflammés et d'éteindre nos téléphones, afin d'honorer de notre pleine présence ce que nous absorbons.

Manger ou boire peut paraître bassement matériel ou anodin, or ce n'est pas moins spirituel que de s'asseoir pour méditer ou pratiquer le *prāṇāyāma*. En étant entier dans ce moment très ordinaire, on touche l'essence du Réel. Manger est un acte naturel en lien avec notre humanité et il me paraît essentiel de ne pas opposer notre humanité à l'Absolu. Il n'existe pas d'Unité noble ou grossière. Il ne peut y avoir une vie profane et futile d'un côté, et une vie spirituelle et supérieure de l'autre, ou alors nous baignons en plein dualisme. La Conscience est en tout. La saveur unique d'une carotte ou d'un fruit mûr peut nous aider à le réaliser.

J'ai la chance d'avoir un bout de terre à cultiver. Bien que la terre soit pauvre et le climat rude, je me suis lancée dans la culture des carottes, mon aliment préféré. Depuis que j'ai réalisé l'attention, le temps et les conditions qu'une carotte digne de ce nom réclame, je ne la consomme plus de la même manière. Je la déguste sans penser à autre chose afin de célébrer ce petit miracle que la terre, l'eau et la lumière m'offrent.

Dédier toute son attention au simple fait de manger apaise la pensée discursive et nous permet de goûter la saveur de l'unité au sein du quotidien. Nous évitons ainsi de nous illusionner sur une pureté détachée des contingences terrestres. Cet imaginaire que nous associons souvent à la spiritualité nous déshumanise et nous maintient dans une dualité subtile qui ne fait que renforcer notre arrogance.

Ne méprisons jamais notre humanité afin de découvrir la douce noblesse et la discrète grandeur qui siègent en son cœur.

La fin d'un son

40. Se concentrer sur le commencement ou la fin de n'importe quel son. Par la puissance du néant, devenir un avec l'immensité de la pure Conscience.

L'art tantrique, c'est de garder le cœur ouvert quoi qu'il arrive.

Nous apprenons à nous déposer dans le fond de l'être et à partir de cette base stable nous laissons le cœur s'ouvrir et l'esprit reposer en silence. L'attention largement ouverte, le besoin d'identifier les phénomènes et de les évaluer n'est plus actif.

Nous demeurons assis en nous-même dans une tranquillité alerte et vivante. Nous apprécions simplement ce qui se présente dans l'instant. Notre conscience ne se rétracte pas sur ce qui surgit. L'habitude de nous identifier aux phénomènes qui se produisent sur le devant de la scène n'est plus stimulée. Dans ce vécu où l'être, le cœur et l'esprit sont à l'unisson, il devient impossible de se séparer de l'arrière-plan illimité de pure Conscience.

Un son jaillit, je le laisse tranquille. Je ne cherche pas à le reconnaître ni à le nommer. Mon mental n'a pas besoin de créer un objet ou une histoire à partir de ce bruit. Libre de ma saisie, il disparaît sans laisser de trace.

Le Silence à l'arrière-plan est là, intact. Il reste inchangé avant, pendant et après chaque son.

Je m'accorde à cet Immuable lorsque je demeure dans l'espace du Soi, sans me soucier de l'aspect que prend l'instant.

La saveur esthétique

73. Fondre dans la joie incomparable
éprouvée lors de la jouissance musicale
ou de tout autre plaisir esthétique.
Devenir un avec cette joie
en transcendant le mental.

Les compositions de Bach, notamment *L'Art de la fugue*, génèrent une joie extatique en moi. La justesse et la précision de ses accords dilatent mon cœur. Tout s'ouvre en moi et je reçois cette perfection jusque dans le tréfonds de mon être. Ma pensée se suspend. Je me laisse pénétrer par chaque note. Ma réceptivité se déploie crescendo jusqu'à ce que tout mon être frémisse à l'unisson de la musique.

Les notes de Bach magnifient le silence. Leurs résonances ne le recouvrent pas mais le mettent en relief. La joie que je ressens face à l'équilibre de ses compositions clarifie ma pensée et m'accorde à la beauté de l'instant. Lorsque le morceau s'arrête, le silence est extrêmement vivant, la résonance des notes continue de l'habiter. L'espace s'ouvre, le temps se dilate. Je goûte l'éternité de l'instant.

La beauté esthétique est le reflet de notre beauté intérieure. La joie que l'on éprouve à son contact nous ramène à la joie pure d'être. Nous oublions nos préoccupations personnelles, notre discours intérieur se suspend et nous vivons un moment d'émerveillement. Pour apprécier la saveur de la beauté, il nous faut être entier dans l'expérience esthétique, sans qu'interfèrent l'analyse, la comparaison ou le jugement. Le mental doit se taire pour laisser place à l'intensité du vécu vibratoire.

Quand l'artiste crée, il est dans un état intérieur de complète disponibilité. Sa pensée est au repos pour recevoir, sans la dénaturer, l'inspiration qui émerge de l'espace silencieux et vibrant de l'arrière-plan. Toutes les possibilités d'expressions sont là, à l'état latent. L'inspiration qui le traverse transcende sa personne. Pour nous relier à cet espace à travers son œuvre, nous devons trouver cette disponibilité en vidant notre esprit de tout ce qui l'encombre.

La jouissance artistique nous donne un aperçu de la joie éprouvée au contact du Soi. Si nous voulons toucher plus intensément cette joie, le support de l'œuvre doit disparaître pour laisser place à l'essentiel qui se trouve en amont des notes et des traits. Une fois que l'émotion esthétique est éveillée, il faut savoir fermer les yeux face à un tableau ou se donner au silence qui suit un morceau de musique pour la laisser se déployer en nous. C'est ce contact avec l'essentiel qui provoque l'émerveillement. L'œuvre agit alors comme un tremplin vers l'espace de pure félicité du Soi.

En tant qu'artiste peintre, je suis incapable de recouvrir entièrement ma feuille de couleurs ou de traits ; il me faut toujours laisser beaucoup d'espace vide où le fond du papier vierge apparaît. J'ai le sentiment de mettre en scène l'espace d'arrière-plan. Je fais en sorte de poser formes et couleurs jusqu'à ce que l'espace ne soit plus vécu comme un vide mais comme un plein, un élément du dessin à part entière au même titre que le trait. Finalement, seule cette sensation d'espace m'inspire. Dans toutes mes compositions, je cherche à rendre vivant ce fond indéfini, lieu d'émergence de toutes les expressions.

Toute œuvre d'art inspirée a le pouvoir de nous faire toucher l'Absolu, à condition de savoir s'y donner complètement. Il s'agit d'une expérience purement tactile où le sens critique n'intervient pas. Quelques êtres inspirants m'ont appris comment regarder un tableau et écouter un morceau de musique en ouvrant tous mes sens. Depuis, je ne cesse de cultiver cette réceptivité en veillant à ne pas laisser mon esprit s'encombrer de certitudes ou d'opinions inutiles afin de demeurer dans la pure présence.

Contempler le ciel

84. Contempler un ciel très pur, sans interruption,
l'être tout entier immobilisé, à ce moment même,
Ô Déesse, on atteint la nature de Bhairava[6].

Sur la plage, une fin d'après-midi d'été ; une dispute éclate au sujet de notre relation avec mon compagnon ; chacun y va de ses arguments ; le ton monte. Soudain, sans que je décide quoi que ce soit, ce qui veut avoir raison en moi se suspend. J'écoute alors avec attention l'homme qui me fait face. Je le regarde. Je vois son histoire, sa culture, ses croyances, ses peurs et je comprends qu'il ne peut rien dire d'autre en ce moment. Je vois comment, dans cette dispute, je parlais aussi à partir de mes peurs et de mon conditionnement.

Cet échange, qui se situe essentiellement au niveau des croyances de chacun, ne mène nulle part. Il a raison de son point de vue comme j'ai raison du mien. Tout cela m'apparaît avec une grande clarté et anéantit tout désir de changer ou d'obtenir quoi que ce soit. Je vois la situation à partir d'un espace totalement apaisé. Toutes mes revendications fondent. Il n'y a plus qu'un immense silence en moi. Devant cette présence calme et sereine qui n'a plus rien à revendiquer, un peu surpris, mon compagnon se tait à son tour. Soulagés d'en finir avec cette

6. Conscience indifférenciée universelle et sans second. En Bhairava, pas de différenciation entre énergie et conscience. Shiva et Shakti sont indissolublement unis.

discussion qui nous menait dans une impasse, chacun de nous apprécie ce répit silencieux. La dispute s'arrête.

Je me lève, tranquillement je m'éloigne, m'allonge sur une petite dune, à même le sable, les bras et les jambes légèrement écartés et je laisse mon regard plonger dans le ciel. Comme c'est la fin de journée, la luminosité n'est pas trop forte ; mon regard peut se dissoudre dans le ciel sans cligner. Toujours cet immense silence en moi. Je deviens le ciel, je deviens le firmament illimité, aucun nuage, aucune pensée.

Au bout d'un moment, mon compagnon ainsi que ma fille me rejoignent. Ils se couchent à mes côtés et en silence me prennent chacun une main ; leurs yeux s'ouvrent sur le ciel. Pas une parole n'est prononcée. Je ressens une communion totale entre nous, comme si nous n'étions qu'un seul corps, un seul regard, dissous dans l'immensité du ciel.

Devant l'étendue infinie et limpide du ciel, impossible de se focaliser sur un objet précis ; le regard s'élargit. L'espace nous absorbe. Le mental, n'ayant rien à commenter ni à évaluer, devient silencieux et fond dans la Conscience d'arrière-plan. Nous plongeons dans un océan de calme immense et sans limite. Regarder longtemps le ciel nous permet de reprendre contact avec notre nature illimitée. Il s'agit de s'ouvrir sans frilosité pour recevoir son immensité dans tout notre être. L'espace céleste nous sort du cadre étroit dans lequel on s'enferme par habitude lorsque l'on est identifié au *moi*. Il nous rappelle que nous ne sommes pas réduits à nos limites. Le mystère de l'Univers vit en nous et nous pouvons le reconnaître comme notre identité fondamentale.

L'obscurité de la nuit

87. Contempler les ténèbres
pendant une nuit noire et sans lune
et accéder à la forme de Bhairava[7].

L'obscurité absolue d'une nuit sans lune fait disparaître toutes les formes. Plus aucun objet ne retient notre regard qui s'ouvre sur les ténèbres. Sensation de plonger à même la texture de ce noir qu'aucune frontière ne délimite. Le ciel et la terre se confondent, la ligne d'horizon disparaît, les repères habituels fondent.

Nous voilà face à nous-même sans échappatoire possible. Pour peu que l'on s'enfonce dans une forêt, les étoiles disparaissent et l'obscurité devient encore plus sombre, dense. Une timidité teintée de peur peut nous saisir devant la profondeur infinie de la nuit. Les sens aux aguets, la sensation de présence est décuplée.

L'absence d'objet dans l'espace environnant nous met en contact avec une réalité plus essentielle. Une réalité qui existe en amont des formes et que les apparences nous voilent. L'obscurité totale nous ouvre au mystère du cosmos et de notre existence. Nous sommes face à une présence infinie vis-à-vis de laquelle on se sent minuscule

7. Conscience indifférenciée universelle et sans second. En Bhairava, pas de différenciation entre énergie et conscience. Shiva et Shakti sont indissolublement unis.

et insignifiant. Pourtant, du plus profond de notre être sourd la conviction de ne pas être distinct de ce mystère.

J'habite dans un hameau au pied des premiers contreforts du Vercors. En cet endroit préservé des éclairages publics, j'ai la possibilité de vivre des nuits d'obscurité totale. Ces nuits-là, je marche vers la petite forêt qui se trouve derrière la maison en me laissant absorber par les ténèbres. Je ne vois pas le chemin sous mes pas, aussi je vais lentement, mes pieds se déposent avec douceur sur le sol, tous les sons prennent du relief. L'attention s'ouvre, devient pénétrante. Marcher en silence dans cette immensité sans contour ni frontière me procure un sentiment de dissolution enivrant.

L'obscurité unifie la diversité et nous pose d'emblée dans une vision plus intérieure. La contempler simplifie le mental et ouvre notre intuition. Nous ne pensons plus la réalité, nous la ressentons dans l'épaisseur de notre être. Nous accédons à un savoir universel, situé en deçà du savoir conceptuel. Ce savoir se révèle à la mesure de notre capacité à le recevoir en direct, sans le filtre de la pensée discriminante.

La profondeur des ténèbres nous fait toucher la vastitude de notre esprit et la contempler a un impact puissant sur notre conscience individuelle. Celle-ci tend à se dilater et à rejoindre la Conscience illimitée en laquelle le monde se dissout pour laisser place à la Réalité essentielle et indivise.

Jeux de lumière

76. Que l'on regarde l'espace qui apparaît tacheté
sous le rayonnement du soleil ou d'une lampe,
à cet endroit même,
l'essence de notre propre Soi resplendit.

La brume matinale recouvre le paysage de son voile de pure lumière. Je laisse mon regard se perdre dans cet espace vide de formes où il ne reste que la vibration du blanc. Les rayons du soleil, adoucis par ce voile opaque, allument des petits points d'intensité dans ce ciel blanc qui ensevelit tout. La lumière pénètre à l'intérieur de mes cellules. Un bain de lumière où chaque cellule se gorge de nectar lumineux.

Cette expérience n'est pas une visualisation. C'est une manière de voir où l'objectivation n'intervient pas, où le mental est au repos, où nous regardons avec tout le corps, d'une manière directe, sans aucun filtre. Il n'y a plus de différence entre l'objet et le sujet. Nous ressentons, ce que nous regardons, en nous.

Contempler la pure lumière et se laisser absorber dans sa blancheur est enivrant. Intuitivement, nous savons que nous sommes en contact avec la beauté du cosmos. C'est une plongée au cœur de l'Essentiel, qui souvent reste caché pour la plupart d'entre nous. Quand nous sommes trop attachés aux apparences, nous oublions qu'il existe autre chose. Tous les jeux de lumière sont un rappel, comme un clin d'œil de l'Absolu, pour nous dire : « N'oublie pas que j'existe et que je suis l'origine du monde ».

La lumière est la substance de l'Univers et c'est aussi notre substance.

Nous pouvons cultiver l'état lumineux de notre être. Tout d'abord en évitant de l'alourdir et de l'opacifier avec des nourritures trop lourdes, avec des informations qui cultivent la négativité et le drame, avec des émotions qui stagnent par manque d'attention. Nous pouvons aussi nourrir notre corps de lumière en contemplant l'espace autour de sources lumineuses vivantes : la flamme d'une bougie, d'une lampe à huile ou les rayons du soleil. Animé par le jeu de la lumière, l'espace devient perceptible ; nous pouvons laisser notre regard flotter dans cet espace vide d'objet.

Lorsque le regard reste vague, cela a un effet sur l'esprit. Il se détend et peut s'ouvrir au monde sensible.

Les femmes et les hommes modernes que nous sommes ont tendance à se focaliser sur ce qui est cernable, quantifiable, définissable. Nous avons du mal à nous laisser toucher par ce qui est plus subtil, palpable mais invisible pour notre regard habitué aux objets. Regarder l'espace autour d'un objet, surtout quand celui-ci est animé par des jeux de lumière, est une bonne manière de s'entraîner à entrer en contact avec l'essence du Réel.

La satisfaction

74. Là où l'on trouve satisfaction,
la nature de la félicité suprême se révèle,
si l'on reste en ce lieu même sans fluctuation mentale.

Cette dharana nous invite à explorer le sentiment de satisfaction afin de découvrir quelle est sa vérité.

Si nous restons en contact avec la sensation de félicité pour la ressentir avec tout notre être, elle s'épanouit. La situation qui l'a provoquée ne se fige pas en imaginaire aliénant. Nous pouvons alors rester accordés au flux de la vie. La souplesse vis-à-vis des circonstances externes est un défi pour l'ego qui a besoin de fixer et de s'approprier les perceptions. Or l'appropriation est un refus, dans le sens où nous ne laissons pas le réel être ce qu'il est : un continuum fluide en constante transformation. Ce refus quasi constant, dans lequel l'ego nous enferme, entraîne une insatisfaction chronique.

L'insatisfaction est un signe auquel nous devrions être plus attentifs. Elle provient de notre être profond qui nous prie de revenir vers notre plénitude innée. J'ai toujours ressenti une frustration latente qu'aucun être, aucune situation, aucun objet, n'arrivaient à totalement apaiser. J'ai su apprécier les nombreux cadeaux de la vie, mais un désir plus essentiel m'attirait vers la profondeur. Le pressentiment que l'Essentiel se trouvait en deçà des apparences ne m'a jamais laissée m'installer dans aucune situation. Mon désir de l'Ultime ne pouvait s'en contenter. J'aspirais à une félicité totale et définitive. C'est dans l'acceptation totale, quand la tension égotique et la rigidité mentale ont volé en éclats, que je l'ai touchée.

Toutes les satisfactions relatives nous donnent un avant-goût de l'Ultime. Dans les moments où nous obtenons ce que nous désirons, l'ego se détend. Quand l'ego est détendu, le mental se tait. Ce relâchement et ce silence nous permettent de revenir vers nous-mêmes. La félicité ressentie vient directement de ce retour à notre vraie nature. Cependant, nous avons pris l'habitude de l'associer à un objet ou un être, aussi sa vérité nous échappe. Le mental nous maintient prisonniers dans ses histoires. Après un moment de paix relatif, sa hantise de l'instabilité et de l'imprévu refait surface. Nous voilà à nouveau en quête du bonheur alors qu'il est là, sous nos yeux.

La félicité suprême découle d'une profonde acceptation de l'instant, de son caractère à la fois changeant et intemporel. En restant déposés à la racine de nous-mêmes, nous sommes en contact avec la plénitude et la tranquillité de notre présence. Cette position interne nous libère de la recherche d'une sécurité et d'une félicité qui se trouveraient en dehors de nous-mêmes. Notre dépendance vis-à-vis du contexte externe s'allège. Nous pouvons alors glisser dans les profondeurs de l'être, à la rencontre du Soi. La félicité suprême ne dépend d'aucune circonstance, d'aucun objet. Elle s'épanouit dans le silence du mental et l'absence d'ego. Nous accédons au trésor inestimable caché dans l'épaisseur de notre être.

L'INSATISFACTION

89. Lorsqu'un obstacle s'oppose
à la satisfaction d'un sens, l'esprit s'introvertit
et s'absorbe dans un vide qui transcende toute dualité,
ici même le Soi resplendit.

Dans un premier mouvement d'ouverture, nous recevons les perceptions par nos organes sensoriels ; puis l'ego intervient et par un mouvement de contraction, il saisit ce qui est perçu. Il transforme la perception en objet auquel il s'attache, parfois démesurément, car chaque objet ainsi créé renforce son sentiment d'exister. Le mouvement d'appropriation égotique altère notre ouverture originelle et la transforme en rétraction.

Face à la frustration, deux options s'offrent à nous, soit le mental s'empare de la frustration pour se plaindre et alimenter son scénario de victime, soit nous profitons de ce contretemps pour glisser dans le Soi. Quand un sens se trouve soudain bloqué, c'est l'occasion de casser la dynamique qui nous pousse vers l'extérieur. La tension provoquée par le besoin de saisir s'éteint et nous revenons vers nous-même, dans un mouvement de pure verticalité. Ce lâcher-prise subit provoque l'anéantissement de l'ego et nous pose dans la pure présence.

En revanche, si le mental se saisit de ce contretemps en estimant qu'il n'aurait pas dû se produire et qu'il y a un problème avec la manière dont le réel se déroule, nous créons notre propre enfer et nous vivons l'imprévu comme une agression dirigée contre nous. Nous ratons l'opportunité de revenir à notre vraie nature pour goûter sa plénitude intrinsèque.

Pour ma part, j'aime me donner sans négocier à ces contretemps que la vie ne manque jamais de m'offrir. Ils me font l'effet d'un coup de gong qui m'éveille et m'encourage à lâcher tous mes projets de manière encore plus radicale pour goûter l'espace vierge du « je ne sais pas ». Je ne sais pas ce que je dois vivre et j'aime quand la vie me le rappelle, même si par moment la leçon est dure à avaler. J'en profite pour regarder la croyance à laquelle je m'accroche, le rêve que je refuse de lâcher. Je goûte la frustration jusqu'en son noyau le plus tendre et le plus sensible. Je ne cherche pas à la résoudre car je sais qu'elle est là pour assouplir mon cœur. Elle me pousse à aimer davantage, avec tout mon être. Dans l'absence de résistance, j'accède à la douceur du Réel.

La dernière insatisfaction à laquelle j'ai été confrontée concernait un être cher. Afin de ne pas me faire emporter dans un scénario, je me suis posée avec beaucoup d'honnêteté cette unique question : « Est-ce qu'il te prive réellement de quelque chose ? » Je me suis assise face à la question. La croyance à l'origine de ma colère était forte et ne voulait pas céder face à la réalité des faits, même si j'étais parfaitement consciente que c'était précisément cette croyance qui me faisait souffrir. Nous avons des croyances fondamentales auxquelles nous sommes excessivement attachés car elles sont à la base de notre identité. Les remettre en cause, c'est remettre en cause notre monde. Néanmoins si ces certitudes ne nous quittent pas, la liberté et la félicité restent limitées.

Après plusieurs jours de face-à-face, l'espace s'est ouvert, une douceur indicible m'a envahie et j'ai clairement réalisé qu'en refusant de prendre la réalité telle qu'elle s'offre, je me privais moi-même de ma vraie nature qui n'est que plénitude et félicité. Je ne pouvais plus accuser l'autre de me priver de quoi que ce soit. Seulement reconnaître que je me privais moi-même de cette vérité fondamentale. Cette frustration ultime a été l'occasion de toucher une liberté et une ouverture jusque-là inaccessibles.

Toutes les frustrations de la vie sont une merveilleuse occasion de pratiquer le détachement. Nous réalisons que strictement rien ne nous appartient, ni les êtres qui nous sont proches, ni les objets matériels que nous avons acquis, ni même notre corps. Comment une entité qui n'existe pas en soi, à savoir cet ego qui souffre et se plaint, pourrait-elle posséder quoi que ce soit ? Tout ce qui vient entraver nos plans est un rappel de cette vérité essentielle.

Le désir

96. Lorsqu'un désir surgit, observe-le et brusquement lâche-le. Il se résorbe alors, dans la source même d'où il a jailli.

Sans désir, l'Absolu serait resté en lui-même, ne se serait pas déployé dans la multitude des formes. Cette dynamique fondamentale, qui régit l'ensemble de la manifestation, pulse en nous et nous pousse spontanément vers les objets extérieurs. Le désir n'est pas asservissant en soi. Cette puissance rayonnante nous rend pleinement vivants, aussi n'y a-t-il aucune raison de la réprimer. Il s'agit plutôt de trouver comment la laisser se déployer sans que l'ego ne s'en saisisse et que le besoin de posséder devienne alors prédominant. L'élan surgit du fond de notre être et nous pouvons profiter de ce surplus de vie en restant déposés en nous-mêmes. Nous ressentons la puissance de ce courant qui nous traverse sans le projeter ni le restreindre à un objet. Sans appropriation, il se résorbe de lui-même.

Le désir nous parle d'une envie irrépressible de complétude que seule l'union avec l'objet semble permettre. Il est vrai que lorsque nous obtenons l'objet convoité, une profonde détente nous envahit. En fait, c'est ce mouvement de détente en lui-même qui provoque l'ouverture de l'ego et ainsi nous rapproche de la source de l'Être. On se sent plus complet. Mais ce sentiment de plénitude est éphémère et instable car nous l'avons associé à une acquisition extérieure, alors qu'il provient de notre profondeur.

Il s'agit donc de s'ouvrir pour laisser le courant du désir se déployer en nous. Libre de saisie égotique, il s'élargit. C'est comme si l'objet de notre désir se répandait dans tout l'univers et que chaque contact avec la réalité nous parlait de lui.

Tous nos élans jaillissent de la source de notre être et nous y ramènent, à condition que le mental n'intervienne pas. Le secret, c'est de rester immergé dans le fond de l'être, non pour se retirer mais pour trouver l'assise nécessaire qui fait disparaître le besoin de posséder. Nous ouvrons le cœur pour nous laisser toucher jusqu'en notre tréfonds. À ce moment-là, nous ne nous sentons pas séparés de l'objet. Nous sommes en contact avec son essence qui se révèle former un tout indissociable avec la nôtre. Il s'agit de la substantifique moelle du Réel. Immergés en cet Essentiel, nous sentons notre complétude et notre plénitude innées. Il n'y a alors plus de désir ou un désir si large qu'il embrasse tous les objets. Nous vivons une intimité profonde avec la totalité de l'univers.

Tout désir limité parle du désir d'Infini. C'est la raison pour laquelle aucun objet ne peut complètement et durablement nous combler. S'ouvrir, plutôt que se rétracter pour saisir, est la voie royale qui mène à la plénitude infinie. Le désir brûlant qui nous consume, même si nous n'en sommes pas conscients, est celui du Soi qui attend de se reconnaître.

III

Les émotions

La réalité des émotions

101. Si l'on réussit à immobiliser l'esprit
alors qu'on est sous l'emprise du désir, de la colère,
de l'avidité, de l'égarement, de l'orgueil, de l'envie,
la Réalité de ces états subsiste seule.

L'audace de cette dharana m'a tout de suite séduite. Tout d'abord parce qu'elle autorise tous les états, même ceux que l'on considère comme négatifs, tels l'orgueil ou la jalousie. Ensuite parce qu'elle propose de vivre leur réalité brute sans chercher à la transformer ou à la refouler. Elle nous encourage à regarder avec honnêteté toutes nos facettes, même les plus sombres et à devenir conscient de la force qui les anime. Les émotions évoquées dans cette stance sont puissantes et troublent chacun de nous, que nous soyons engagés sur une voie spirituelle ou pas. L'intensité de la colère, de la jalousie ou de l'orgueil décuple notre sentiment d'exister. Aussi est-il difficile de ne pas se laisser prendre au jeu de l'identification et au besoin de réagir.

Je connais bien la colère pour l'avoir longtemps fréquentée. Je connais son intensité qui explose en moi et me projette à l'extérieur dans des réactions parfois violentes. Un nombre incalculable de fois, j'ai vu mon mental s'en saisir pour construire des scénarios. Cette saisie fige le courant vibratoire de l'émotion. Elle se maintient alors dans la durée et devient l'objet de l'ego qui l'utilise pour consolider son emprise. Je me suis exercée à rester présente au milieu de la tempête et à ressentir la force brute de la colère. Il est possible d'être tranquille tout en vivant l'intensité émotionnelle. Le vécu direct atténue la réactivité et dissout la souffrance.

Maintenant, lorsque la colère surgit, je m'ouvre complètement pour lui laisser l'espace de se déployer. C'est un processus interne où je prends totalement en charge mon émotion, ainsi je ne la subis plus et elle ne génère plus de réactivité.

Plus l'intimité avec la colère s'approfondit, plus je m'approche de son noyau sensible et du centre de mon être. En me laissant plonger au cœur du phénomène, j'ai réalisé que la colère et moi formions un tout indivisible. En laissant l'expérience intacte, l'unité de la réalité m'est apparue.

L'émotion en elle-même n'est jamais un problème, seul le fait que je m'en dissocie et m'identifie à l'histoire de « ma colère » la rend problématique. Elle est avant tout une expérience tactile, avec laquelle je peux faire corps sans prendre de risque, contrairement à ce que l'ego m'a si longtemps fait croire. D'ailleurs, c'est lui qui a peur de la force de l'intensité qui vient directement du noyau non conditionné de l'être. Il s'agit de notre vraie puissance, dont nous pouvons pleinement profiter plutôt que d'en subir les conséquences.

Les émotions extrêmes ont la capacité de nous unifier : impossible d'être distrait dans un moment de rage. Dans ce moment purement vertical, si l'on s'abandonne intégralement au vécu de l'instant, l'ego disparaît. Nous réalisons alors que l'ego n'a pas d'existence véritable. Il n'est rien de plus qu'un mouvement de contraction qui résiste aux différents aspects du réel et, ce faisant, crée une dualité là où il n'y en a jamais eu.

Les émotions extrêmes

118. Dans la terreur ou l'anxiété,
quand on surplombe un précipice,
lorsqu'on fuit le combat, que l'on ressent la faim
ou une vive curiosité, ou quand on éternue,
ces états extrêmes sont la Réalité absolue.

L'angoisse pure qui glace d'effroi, qui saute à la gorge au réveil et donne le sentiment d'entrer dans l'horreur d'un cauchemar. L'angoisse qui terrorise à la tombée de la nuit et empêche de s'endormir parce qu'il va falloir affronter un nouveau réveil. L'angoisse qui enfle démesurément, terrasse et fait parfois hurler d'épouvante jusqu'à l'injection d'une dose massive de calmants pour endormir le monstre qui dévore. L'angoisse qui envahit tout l'espace et rend toute chose menaçante, qui fait regarder la fenêtre avec envie ou prendre des lames de rasoir pour tailler la chair tendre des avant-bras afin de retrouver contact avec le réel. Cette angoisse extrême, je la connais bien, elle m'a accompagnée pendant de nombreuses années et m'a poussée à la limite de moi-même.

Je me souviens très bien de ce fameux dimanche où j'ai osé lui faire face. Je me suis fermement assise sur une chaise, loin de la fenêtre, pour ne pas prendre le risque de sauter, avec comme consigne intérieure de ne pas fuir, quoiqu'il arrive.

L'angoisse flambe, je me laisse faire, la peur est extrême, ma seule prise c'est l'assise, mes deux pieds plantés dans le sol et le désir féroce d'une vraie rencontre avec celle qui me terrorise. L'intensité, telle une vague déchaînée, inonde tout mon être, je suffoque, j'ai peur d'imploser sous la puissance de cette déflagration mais je ne lui résiste pas. J'ose vivre l'expérience de manière tactile, directe, en dehors de toute histoire. Dans ce pur vécu très brut, il y a des sensations, des couleurs, des images, parfois des mots, mais rien de bavard. Toutes les impressions défilent assez rapidement, c'est un voyage au cœur de l'angoisse. Rapidement la souffrance cesse, laissant place à un sentiment de paix et de douceur. Je suis surprise par ce soudain apaisement alors que quelques minutes plus tôt c'était l'enfer. En ce moment décisif, je comprends quelque chose de fondamental : si je ne résiste pas, si je ne fuis pas, si je laisse la vague déferler en restant assise en moi-même, elle se calme sans que je n'aie rien à faire, pour peu que je sois prête à la rencontrer dans sa vérité première, c'est-à-dire sa vérité organique. Ce corps à corps exige de développer son assise interne pour pouvoir ressentir l'intensité sans être submergé. Il s'agit de plonger dans les racines de son être et de s'absorber dans le pur vécu. À ce moment-là, il ne reste plus que l'existence à l'état brut. Le *moi* fond dans la réalité du moment qui se révèle être Une, puisque je ne la scinde plus et que je la vis en direct, sans m'attacher à ses particularités.

Les émotions extrêmes sont une voie d'accès au noyau de l'Être, à condition d'entrer au cœur de l'émotion comme on entre nu dans un lac pour en faire pleinement l'expérience. Il s'agit de se donner complètement, de ne pas résister. Alors l'aliénation émotionnelle se transforme en libération.

L'Absolu prend la forme de notre corps, de notre esprit, de nos émotions. Il ne peut y avoir de problème avec la forme qu'il prend, à part quand nous refusons de vivre l'état dans lequel il s'exprime ce jour-là.

Le refus que nous opposons à la réalité est notre unique problème et notre unique souffrance. Il nous en sépare artificiellement par un mouvement de contraction du corps et une crispation de l'esprit. Nous espérons ainsi supprimer ce qui nous dérange. Il est tout à fait vain de vouloir extraire un aspect particulier du réel pour s'en débarrasser, c'est tout simplement impossible ! Quand nous résistons, nous cristallisons le flux de ce qui s'exprime et nous le fixons dans notre corps-esprit. Ce faisant, nous augmentons sa charge énergétique et son potentiel à créer de la souffrance. Tout ce qui circule librement ne crée pas de frottement donc pas de douleur.

Faire un avec nos émotions extrêmes, en acceptant de les vivre pleinement, nous ramène vers notre vraie puissance.

Libre de l'aversion et de l'attachement

126. Ne t'attarde ni sur la haine ni sur l'attachement,
et reste au centre.
Libre de l'attachement et de la haine,
la divine Conscience fleurit dans ton cœur.

Sans connaître intimement l'aversion et l'attachement, impossible de s'en libérer. Aussi est-il essentiel de ne pas se voiler la face : si nous ressentons de la haine, reconnaissons-le et assumons pleinement cette émotion. La refouler, sous prétexte que c'est une mauvaise émotion qui ternit notre image, la rend encore plus malsaine et sournoise. Cela demande d'être très honnête et de prendre en charge notre aversion, plutôt que de la décharger sur l'autre.

Celui que nous détestons nous montre exactement ce que nous ne supportons pas en nous-même. En le haïssant, nous avons l'impression de pouvoir repousser ce qui nous trouble et ainsi nous en préserver. Mais cette réaction ne génère qu'agression et souffrance et ne résout rien.

La haine nous appartient. Celui qui l'active peut avoir sa part de responsabilité, mais fondamentalement, il est question d'entrer en intimité avec notre trouble. Une émotion ingrate nous habite. Ayons le courage de nous tourner vers elle et de l'accueillir. Si nous réussissons à l'écouter avec amour et douceur, il nous sera alors possible de regarder celui qui suscite le rejet avec compréhension.

Nous commençons donc avec nous-même, en trouvant le courage de faire face à notre réaction et de nous en occuper avec beaucoup de bienveillance et de lucidité. Nous ne cherchons ni à la sublimer ni à la manipuler. Nous lui donnons l'autorisation d'être là en lui offrant l'espace de se déployer. Nous acceptons de ressentir la haine brute dans notre chair, dans notre cœur, sans nous laisser distraire par des justifications, des plaintes ou des blâmes. Nous osons être dans un contact très direct en faisant corps avec la sensation. C'est un acte d'amour qui a le pouvoir de dissoudre à la fois l'histoire et l'objet qui provoquent notre aversion, tout simplement parce que nous avons accepté de laisser cette émotion exploser en nous et de nous donner à son ressenti plutôt que de nourrir une histoire à son sujet. Sans histoire et sans objet, l'aversion s'allège et s'adoucit d'elle-même.

Devenir intime avec nos réactions, même les plus extrêmes, nous rapproche de notre bonté fondamentale. Il se peut alors que l'on découvre un point de vulnérabilité extrême, caché en leur cœur. L'origine de la haine est très souvent la peur. Elle parle de la difficulté à se laisser ressentir notre douceur innée. Nous avons tendance à entourer ce noyau sensible de toutes sortes de défenses pour le protéger des chocs de la vie. La haine est une porte vers ce noyau si nous osons aller jusqu'au bout de la rencontre.

L'autre est un aspect de nous-même et nous pouvons soit l'aimer soit le haïr, mais en le maltraitant c'est nous-même que nous blessons. En observant sincèrement le phénomène, nous réalisons combien haïr blesse notre chair et combien aimer apaise et nourrit notre être.

Je me suis attachée, parfois de manière excessive, aux êtres que j'aimais parce que je ne savais pas faire autrement. J'ai reçu l'amour exclusif et fusionnel d'une mère qui vivait dans une profonde insécurité et dont la survie psychique dépendait en grande partie de son mari et de sa fille. J'ai reproduit ce schéma tout en percevant de plus en plus clairement la dépendance et la misère dans lesquelles il me maintenait.

Mon insécurité et mon manque de confiance maladif m'ont détournée de ma vérité profonde pour me projeter tout entière sur l'aimé. En l'aimant d'un amour exclusif, je me sentais plus proche de la perfection et de la complétude.

Mais les objets extérieurs ne sont pas fiables, parfois ils nous échappent ou disparaissent. Soudain nous sommes face à nous-même, sans échappatoire possible. C'est une opportunité extraordinaire que nous pouvons saisir pour reconnaître notre vraie nature. L'attachement excessif entérine le sentiment de séparation et d'incomplétude. Il nous empêche de reconnaître le trésor illimité qui se cache dans notre profondeur. Aussi est-il important, quand la vie nous retire les êtres auxquels nous sommes les plus attachés, d'aller avec le mouvement de la vie, sans négocier. D'oser ressentir l'émotion brute de la perte. Sans résister à la totalité de l'expérience, d'ouvrir le champ de notre être pour offrir à cette émotion tout l'espace et l'attention dont elle a besoin. La transmutation commence, une douceur et une paix incroyables émergent du fond de notre être. L'absence de résistance ouvre notre cœur et libère l'amour qui était emprisonné. Faire un avec la vie efface le sentiment d'incomplétude. Nous sommes de retour dans notre vraie demeure et découvrons, émerveillés, le trésor qui s'y cache. L'Amour est là, entier.

En deçà de la souffrance et du plaisir

103. Ne laisse pas ton esprit se fixer
ni sur la souffrance ni sur le plaisir.
Ô Bhairavi ! Connais l'état intermédiaire
en lequel la Réalité seule subsiste.

Laisser la réalité en l'état, sans construire une histoire dramatique ou idyllique à partir des faits, voilà ce que propose cette dharana. Cela demande de ne pas s'attacher aux aspects extérieurs qui nous séduisent ou nous contrarient, pour rester entiers dans l'expérience en acceptant de ressentir ce qui est là. C'est une position extrêmement sobre et simple. Nous laissons le réel être ce qu'il est, sans le diviser en état agréable – désagréable. L'absence même de sélection nous rassemble et ouvre notre cœur. Nous sommes alors aptes à réaliser que nous ne sommes pas séparés de notre vécu.

Faire un avec ce que nous éprouvons sur le moment efface le besoin de réagir. L'agréable et le désagréable disparaissent pour laisser place à l'intensité du vécu. En étant entiers dans ce vécu, la réalité originelle sous-jacente aux états différenciés se révèle. Cette réalité est pleine, sa bonté vient de sa substance même et se goûte quand nous sommes arrivés au cœur de la souffrance ou du plaisir. Là où il n'y a plus ni différence ni opposition. Nos plaintes, nos jugements et nos imaginaires n'arrivent plus à prendre forme. L'intimité avec ce qui est nous rend amoureux de l'instant.

J'ai eu la chance de vivre deux ruptures violentes avec des hommes auxquels j'étais extrêmement attachée. Ces ruptures ont permis à mon cœur de s'ouvrir et de s'adoucir comme aucun autre événement dans ma vie n'avait réussi à le faire. Elles m'ont propulsée au plus profond de mon être.

J'ai fait face à ma peur la plus viscérale et la plus irrationnelle : la peur de l'abandon. J'ai vu mon mental bondir comme un fou furieux sur l'histoire, attaquer avec violence celui que j'étais censée aimer. J'ai été emportée dans des tourbillons d'arguments qui me coupaient complètement de ma vérité profonde. Possédée par l'intensité de ma réactivité et la folie de mon mental, j'ai créé un enfer pour l'autre ainsi que pour moi-même.

L'alternative de la présence et de l'écoute, comme un petit radeau de survie au milieu de la démence, m'ont permis de retrouver un ancrage stable au milieu de ce déferlement de rage et de douleur.

Assise à même le sol, je me donne au vécu, l'émotion se déploie, le feu gronde à l'intérieur, le cœur s'emballe. Rester, rester, ne pas fuir, je m'ancre un peu plus dans le fond du bassin, je m'enfonce un peu plus dans le sol, seul soutien fiable qui me permet de garder mon axe au milieu de la tempête. L'intimité s'approfondit, je touche la substance même du réel, il se révèle d'une épaisseur insoupçonnée. Je pressens qu'il n'y a pas de fin à cette intimité et que je peux m'abandonner et plonger sans jamais toucher le fond de cette essence.

Dans ce vécu d'unité, il n'y a ni douleur ni plaisir, seulement intensité. Je réalise que la souffrance vient uniquement du refus de faire un avec le réel.

Ce qui paraît une tragédie du point de vue de l'ego est une bénédiction pour le Soi. La souffrance, par sa faculté à nous faire réagir, nous révèle un schéma mental qui refuse de lâcher. Il nous appartient de le reconnaître et de le métaboliser pour retrouver la sérénité et la plénitude de notre vraie nature.

La vie nous pousse sans relâche à abandonner la lutte et parfois elle se montre brutale. Nous pouvons alors nous agenouiller là où nous sommes, dans un mouvement de totale reddition, comme si nous étions sur un champ de bataille où il n'y a plus aucune issue. Intérieurement, nous sommes disposés à mourir, plus aucune tentative de fuite ou de défense ne nous détourne de l'intensité de ce moment.

Cet abandon total nous permet de voir que sur la terre dévastée une petite fleur tendre et délicate pousse. Le champ de bataille, la lutte, la peur disparaissent. Il ne reste que la beauté de cet instant de vérité.

IV

Yoga – Énergie

Le corps privé de support

78. Assis sur un siège moelleux,
le poids du corps déposé sur les fessiers,
les bras et les jambes privés de support ;
on accède à l'intelligence intuitive la plus haute.

À partir d'une expérience tactile simple, nous pouvons découvrir que la séparation n'existe pas et que la sensation ne s'arrête pas à l'enveloppe charnelle du corps. Je vous propose de vous asseoir sur le sol dans une position détendue puis de laisser la sensation de la peau, des tendons et des muscles couler vers la terre tandis que la colonne vertébrale s'élève vers le ciel. Les bras complètement relâchés reposent sur les jambes croisées suivant ce qui est le plus confortable[8]. Laisser la densité des épaules fondre dans les coudes, les coudes fondre dans les poignets, les poignets couler dans les doigts jusque dans la terre. Laisser la densité des hanches fondre dans les genoux, les genoux fondre dans les chevilles, les chevilles couler dans les orteils jusque dans la terre. Ne plus tenir ni les bras ni les jambes et laisser la sensation du corps s'enfoncer dans le sol comme dans un coussin moelleux.

Grâce à cette exploration, nous prenons conscience de la tenue interne dans laquelle nous sommes installés par

8. Soit en *padmāsana* (lotus) ou *ardha padmāsana* (demi lotus), soit en *sukhāsana* (jambes croisées), soit en *dhyāna veerāsana*.

habitude. Elle découle du besoin de se défendre et d'affirmer notre identité. Dès que nous entrons en contact avec une substance autre, un réflexe de contraction s'active. Il est biologique et naturel. Seulement, chez les humains, il se double de la réactivité égotique. Il s'incruste dans notre chair et finit par ne plus pouvoir se relâcher. Aussi, il nous faut doucement déconditionner ce réflexe.

J'aime m'asseoir à même la terre. Ressentir l'énergie douce et bienveillante de la terre qui pénètre mes jambes et mon bassin m'incite à laisser la sensation du corps couler dans sa profondeur. Je m'abandonne en toute confiance. Le sol devient tendre. La frontière nette et précise entre mon corps et le sol disparaît. Il ne reste plus qu'un continuum de sensations.

Pour que ce vécu s'actualise, il est essentiel que ni l'image du corps ni l'image du sol n'interviennent. C'est un art de se donner complètement au ressenti sans que le besoin d'objectiver et de saisir l'expérience n'intervienne.

À ce moment-là, nous touchons une intelligence purement intuitive qui est en prise directe avec le réel. Sans plus nous appuyer sur notre savoir et notre conditionnement, l'Unité du réel apparaît.

Fixer la pensée au creux des aisselles

79. Confortablement assis, les bras croisés,
la pensée au creux des aisselles,
grâce à cette absorption l'esprit s'apaise.

Ardhakuñchita-mudrā nous ramène à nous-même et nous donne un sentiment de présence et de densité puissant. C'est une pratique d'ancrage très efficace quand nous nous sentons emportés par des scénarios dramatiques et compliqués et que notre système nerveux s'emballe. Le fait d'entourer la poitrine et de presser les poings sous les aisselles nous met en contact avec nos ressources internes. L'agitation et l'inquiétude tendent à nous éloigner de notre centre et à nous éparpiller, tandis que cette position de recueillement nous rassemble et nous pose dans le présent.

Assis, si possible dans la position du lotus, les mains montent face au cœur et les bras forment un cercle. Contempler l'espace à l'intérieur des bras, le remplir avec l'inspiration, alors que les mains s'éloignent légèrement de la poitrine. À l'expiration l'espace se vide, les mains reviennent légèrement vers le cœur. Continuer ainsi pendant plusieurs minutes. Puis replier les doigts, croiser les bras sur la poitrine. Placer les poings sous les aisselles, les premières phalanges en contact avec les côtés du buste, juste en dessous des aisselles. Continuer à respirer tranquillement, sentir le mouvement des côtes sous les doigts repliés ; elles s'écartent à l'inspiration et reviennent avec l'expiration.

À la fin du mudra, lentement décroiser les bras, laisser les doigts se déplier par eux-mêmes puis écarter les bras en croix pour ouvrir complètement la région du cœur et l'offrir à l'espace. Sentir les réactions dans la région de la poitrine et dans tout le corps.

Ardhakuñchita-mudrā permet d'entrer dans un état de méditation profond et intense. L'impact des bras et des mains qui entourent la région du cœur calme l'instabilité et l'excitation émotionnelle. La région des aisselles étant en lien avec le cœur, la pression des phalanges sur cette zone harmonise et pacifie le cœur.

Ce mudra est un très bon régulateur du système nerveux permettant de lâcher l'état d'hypervigilance dans lequel nous avons tendance à rester bloqués. Elle permet de réaliser que l'agitation découle de nos pensées et de nos constructions mentales qui nous entraînent dans un monde qui n'est pas en lien avec la réalité du moment. Ce décalage crée une sensation de malaise.

Dès que nous sommes rassemblés, c'est-à-dire tout entiers dans le moment, l'impression de problème disparaît, l'esprit s'apaise et nous retrouvons notre assise dans l'Être.

Le canal au centre du corps

35. Le canal médian se tient au centre du corps.
Quand on médite sur lui sous la forme
d'une tige de lotus, traversé par la Déesse,
alors le Dieu se révèle.

Au fur et à mesure que l'on s'absorbe dans la profondeur de son être, l'inspiration et l'expiration s'apaisent jusqu'à se résorber dans le canal central. Ce canal, tel une fine tige de lotus, prend racine dans la profondeur du bassin et se déploie jusqu'au sommet du crâne en suivant l'intérieur de la colonne vertébrale. Apaisée en cette voie médiane, la respiration devient vibration.

L'énergie vitale contenue dans le bassin se déploie le long de la colonne vertébrale en reliant les différents centres énergétiques du corps jusqu'à atteindre le sommet du crâne. Là, elle devient énergie céleste. La déesse rejoint le ciel de la Conscience – Dieu. La voie de l'énergie vitale passe par le cœur. Il est essentiel que l'espace du cœur soit vide de toute stagnation ou agitation pour qu'il puisse être traversé librement. L'énergie céleste a aussi besoin de rejoindre la Source originelle sans que le trop-plein du cœur, en prise avec l'inquiétude et les attachements excessifs, ne la bloque. Le cycle devenu complet peut alors se répandre dans l'espace, bien au-delà des limites du corps.

L'absorption dans l'intériorité la plus profonde s'intensifie, alors que l'énergie du souffle rayonne. Le corps, absorbé dans cette vibration devenue lumière, perd sa densité, sa limite et se dissout. C'est alors l'absorption dans la Réalité ultime – en Dieu.

Le vide du sommet, de la base et du cœur

45. Méditer, simultanément, sur le vide du sommet,
le vide de la base et le vide du cœur.
L'esprit devient libre des fluctuations du mental,
la Conscience indivise se lève.

Dans l'espace du sommet se trouve l'esprit. Lorsqu'il est libre de l'influence du mental, il reste largement ouvert et regarde avec équanimité les pensées, les images mentales, les souvenirs. Il n'a besoin ni de commenter ni d'évaluer ni de repousser ces pensées. Il repose en toute quiétude dans sa nature indifférenciée.

Libérer l'esprit de l'emprise du mental requiert une authentique passion pour la vérité, car il est extrêmement rusé et son pouvoir d'attraction est très puissant. Ce qui exige de garder clarté et stabilité lorsqu'il se déchaîne et cherche à nous entraîner à sa suite. Seule l'observation fine et patiente de son mode de fonctionnement et de ses dynamiques nous permet d'être libres de ses schémas et de retrouver la vastitude innée de notre esprit.

Pour sortir de l'influence du mental, il nous faut un point d'appui qui puisse servir de contrepoint au discours intérieur. S'ancrer dans le bassin permet de développer ce point d'appui. Nous pouvons alors identifier plus clairement les scénarios et les croyances dans lesquels il nous piège.

L'ancrage se cultive en respirant dans le volume du petit bassin. L'inspiration emplit ce volume et exerce une pression légère et naturelle sur le sacrum, les iliaques et les muscles du bas-ventre. L'expiration rassemble en souplesse les muscles internes au centre du bassin. Ce centrage et cet ancrage ont une influence immédiate sur l'activité du mental.

Nous pouvons accentuer l'ancrage en prenant la position de pure verticalité[9] et en respirant par les plantes de pieds. L'inspiration, cette fois, se fait à partir du centre de la terre jusqu'au centre de la voûte plantaire, puis elle remonte à l'intérieur des jambes jusqu'au centre du bassin. Ces pratiques simples peuvent facilement s'inscrire dans notre quotidien. Elles nous aident de manière très concrète à contrebalancer l'activité du mental qui est souvent totalement déconnectée du sol. Nous pouvons, tout au long de la journée, au gré des événements intérieurs ou extérieurs, régulièrement prendre quelques secondes pour sentir où nous sommes situés dans le corps. Si nous nous sentons plutôt rassemblés vers le haut, ce qui est une tendance très marquée dans notre culture moderne où l'on ne nous apprend pas à être ancré et stable, nous pouvons être assurés que le mental règne. Dès que nous sommes conscients que nos pensées et nos projets nous entraînent loin du moment présent, nous pouvons, sur le vif, redescendre en nous-même ; en pleine conscience, nous asseoir dans l'espace du bassin où se trouve le siège de l'être et reprendre contact avec ce qui est là, sous nos yeux. En nous posant régulièrement dans le bas-ventre, nous sommes étonnés de découvrir la tranquillité et la force qui résident dans ce centre inférieur du corps. Cette position calme la précipitation et l'agitation du mental.

9. Cf. dharana 92, p. 127

Le temps semble s'allonger. Cet enracinement dans nos ressources originelles n'altère pas notre efficacité. Il nous évite de nous disperser et de nous épuiser inutilement.

Se situer dans le bassin permet d'être réellement là, en prise directe avec l'instant, notre attention non détournée par les pensées discursives. Nous cessons de faire plusieurs tâches en même temps. Nous découvrons combien une action pleinement habitée gagne en élégance et en précision. Elle nous nourrit et nous satisfait, même si elle est extrêmement simple et banale. Nos gestes sont assurés, en accord parfait avec l'instant, et aucun détail n'échappe à notre attention largement ouverte.

Nous avons trop souvent, depuis notre enfance, déserté l'espace du bassin. Nous avons coupé le contact avec notre vérité première pour répondre aux impératifs de nos parents et de nos professeurs. Leurs injonctions, directement issues de leur idéologie et de leur conditionnement, ont nié notre vrai *moi* et nous n'avions à l'époque pas d'autre choix que d'adhérer à cette négation. Amplifiées par notre peur de l'abandon et du rejet, nous continuons à nous asséner ces injonctions et ainsi à bafouer notre vérité fondamentale. L'être profond devient muet. Il est perçu comme une menace pour le *moi* de surface. La priorité de ce dernier étant d'être le plus conforme possible à son environnement dans l'espoir d'être accepté et aimé.

Sans un entraînement régulier, cette assise interne ne deviendra jamais naturelle. Et sans cette assise, l'harmonisation de nos trois centres sera impossible. Il s'agit de s'habituer à rester déposé dans notre base, quel que soit le contexte. Un bassin plein et habité tient le mental et l'empêche de s'emballer. À partir de ce centre, nous sommes en prise directe avec le réel. Là, pas d'hésitation ni de pensées discursives. Nos actes et nos paroles sont dénués de calcul et de manipulation. Nous sommes pleinement nous-mêmes, authentiques. Nous n'avons pas besoin de défendre une image extérieure puisque nous sommes reliés aux fondements de notre être. Nous savons enfin qui nous sommes et nous n'avons plus besoin que cette vérité soit validée par l'environnement.

La communication entre l'espace du sommet et de la base passe par le cœur. Une fois que l'esprit est libre du mental et le centre du bassin habité, le cœur peut se vider de son agitation et s'ouvrir.

Mais ne brûlons pas les étapes. L'espace du cœur est encombré par nos demandes d'amour et de reconnaissance. Osons sentir le manque et pénétrer jusqu'en son noyau le plus intime. Pour qu'il se vide, nous allons devoir prendre ces demandes en charge et cesser d'attendre que l'entourage les comble, sous peine de rester misérables toute notre vie ! Chacun de nous connaît ces attentes et nous seuls avons le pouvoir de complètement les apaiser. Offrons-nous la reconnaissance, la bienveillance et l'amour dont nous avons si soif ! Dès que nous nous faisons ce cadeau, c'est extraordinaire, immédiatement un sentiment de plénitude nous submerge.

Lorsque notre assise est stable, notre cœur paisible et notre esprit libre, nous ne sommes plus tiraillés par des élans contradictoires. Nos trois centres sont en accord. Un sentiment d'unité très plein nous envahit, duquel se dégagent une force et une confiance incroyables. Il ne s'agit plus de la force de l'ego mais de celle de l'être.

Nous fusionnons alors avec la Conscience indifférenciée et la laissons librement s'exprimer à travers nos trois centres vides de dissonance.

Le mantra naturel

156. L'air est exhalé avec le son « sa »
puis inhalé avec le son « haṃ ».
Alors la récitation du mantra « haṃsa » est continue.
La respiration est le mantra,
répété vingt et une mille fois, nuit et jour,
c'est le mantra de la suprême Déesse[10].

Au réveil, je m'absorbe dans l'immensité lumineuse qui siège au plus profond de mon être : le Soi. Je le sens être ma substance la plus intime. Je m'abîme en sa pure bonté, son infinie douceur.

Inspire – Je suis ; Expire – Cela, le Je Ultime.

Le mantra se répète en moi, il me suffit de l'écouter et de le vivre en conscience. Le mental est au repos, dissous dans le pur bonheur du Soi. C'est au sein du souffle apaisé qu'a lieu l'union entre mon humanité et l'Illimité.

Je me lève, le mantra continue. Quand l'activité occupe le premier plan, elle le recouvre sans l'arrêter. Dès que je fais une pause, j'écoute le silence, il réapparaît. Il inonde mon cœur et emplit l'espace de sa vibration subtile.

Le mantra naturel se répète vingt et une mille fois par vingt-quatre heures, ce qui correspond au nombre de nos respirations. Nous avons la possibilité de l'entendre plusieurs fois par jour, en posant notre attention sur le souffle qui entre et qui sort.

---

10. Traduction de Daniel Odier, in *Tantra Yoga*, éd. Albin Michel, Paris, 2004.

À mes débuts, prendre conscience de deux ou trois respirations d'affilée n'était pas toujours possible. Les activités extérieures et le mental accaparaient toute mon attention et cela me désespérait de ne pas être capable de vivre au moins deux cycles respiratoires par jour en pleine conscience.

Petit à petit, la présence et l'ouverture se sont instillées dans mon quotidien. Mon être s'est accordé avec de plus en plus d'harmonie au réel. J'ai pu alors entendre le mantra se répéter en moi mais aussi tout autour de moi. Il s'est inscrit par touches légères au sein de mon quotidien. Il me suffit de lâcher quelques secondes la concentration sur une activité donnée et de me rendre totalement disponible à la texture de l'instant dont le souffle fait partie intégrante. Les allers-retours entre cette prière spontanée et l'activité se font de manière fluide. Les situations restent souples et légères, le mental n'intervient plus pour les figer et les rendre solides.

Au réveil, dès le tout premier instant, plutôt que de laisser le mental immédiatement occuper tout le champ de notre conscience, nous écoutons le silence. Nous laissons nos préoccupations se dissoudre dans la pure Présence, afin d'entendre « Je suis Cela », la Conscience indifférenciée.

Passer directement de son lit au sol pour continuer à l'écouter pendant l'exploration corporelle. Entendre le son de l'air qui entre et qui sort, lorsqu'il est délicatement filtré à la gorge[11], comme une caresse qui accompagne le souffle et le rend légèrement sonore. En fin de pratique, laisser le souffle s'alléger, s'intérioriser jusqu'à ce qu'il devienne un effluve à peine perceptible. Le mantra

11. *Ujjayi*, cf. Éric Baret, *Corps de vibration*, éd. Almora, Paris, 2015, p. 158.

permet de se détacher de la conscience égotique pour se rapprocher de la pure Conscience. Il devient de plus en plus subtil, de plus en plus silencieux. Plus il est silencieux, plus il est lumineux et vibrant.

Il est essentiel de ne pas faire le mantra mais de le laisser se déployer. Laisser le son *haṃ* porter l'inspiration et le son *Sa* porter l'expiration ; le son et le souffle sont UN. Ce mantra spontané, pour devenir parfait, doit être porté par la présence dénuée de toute intention. Une touche de conscience légère sur le souffle suffit pour se rendre disponible et se sentir traversé par sa vibration. Il n'y a rien à obtenir, toute pratique marchande qui veut gagner l'Absolu au prix de ses efforts restera stérile et n'entraînera que frustration. Il s'agit d'offrir son *moi* au Soi. C'est une offrande à l'Absolu où l'on ne gagne rien, à part la possibilité d'entendre le chant de la Grande Déesse – l'énergie de vie – s'exhaler de la racine de notre être.

Le mantra et le souffle ne sont pas de notre ressort, ils nous traversent et se répètent sans notre intervention. Percevoir avec clarté sa propre absence dans ces deux phénomènes spontanés nous pose dans la vérité de notre essence – le Soi. Pour entendre le mantra, le *moi* doit quitter la scène afin de laisser le Soi pulser en toute liberté.

L'ÉNERGIE DU SOUFFLE

67. Lorsqu'on fait échec au flot tout entier (des activités sensorielles) par le moyen de l'énergie du souffle qui s'élève peu à peu au moment où l'on sent un fourmillement, le bonheur suprême se propage.

Au réveil, allongée sur le lit, l'esprit détendu et le cœur ouvert, j'entends le chant des premiers oiseaux. La pensée « je suis triste » me traverse. Sur le vif, avant qu'elle ne se déroule en histoire, j'interroge la vérité de cette affirmation qui m'incarne en tant que femme solitaire. Si je me donne complètement à l'instant, la tristesse disparaît. Je suis de retour dans le réel. Simplement présente, la pensée au repos j'enfile mon tee-shirt. La sensation est pleine. Dans sa vérité première, elle n'a besoin d'aucun qualificatif ni d'aucune appréciation.

Je m'assois sur mon tapis avec les premières lueurs du jour. Le souffle descend dans le bassin, le mental le rejoint. Lorsque le mental et le souffle s'unissent, une paix profonde m'envahit. Le souffle prend racine dans le petit bassin, se déploie tout en douceur jusqu'au sommet du crâne sans entrave. Une félicité incroyable emplit alors tout l'être.

La vie respire. L'inspiration déploie le corps, l'expiration dissout sa densité. Le souffle s'allonge, sa vibration s'affine jusqu'à devenir lumineuse. L'expiration plonge dans la profondeur de l'être, les frontières du corps disparaissent. Le corps physique disparaît dans le corps de respiration, puis dans le corps lumière. Le souffle-lumière n'a pas de limite, il habite l'univers.

L'énergie vitale s'élève, fleurit dans le cœur vide d'agitation et se déploie dans l'espace, sans limite. L'ouverture du cœur exige l'offrande de l'ego, de ses désirs, de sa volonté et de ses croyances. Plus aucun contrôle, plus aucune appropriation ne limitent le vécu.

Sous l'effet du souffle apaisé, nous demeurons en nous-même. Ce n'est pas un repli mais une ouverture qui ne retient ni ne s'approprie aucune perception. Dans la douceur de cette respiration cosmique, le sens de l'individualité se dissout. Nos cinq sens fonctionnent à l'unisson. Ils deviennent un seul sens, global. Un toucher subtil qui pénètre dans l'épaisseur du Réel pour goûter sa bonté intrinsèque. Notre centre dilaté dans l'espace vit une intimité profonde avec la totalité. Il n'est plus nécessaire de saisir ou de s'attacher à quoi que ce soit puisque tout est en nous.

Dans un seul et même mouvement, on est touché et l'on touche le monde. Ce contact vivant avec la totalité nourrit la vibration et la sensibilité du corps.

L'activité sensorielle en elle-même n'est pas perturbante. Seule la saisie égotique la transforme en avidité aliénante. Il n'y a pas à restreindre ce mouvement naturel, seulement lui redonner de l'amplitude et de la souplesse. Libérée de l'emprise égotique, n'importe quelle perception sensorielle a la possibilité de se déployer librement et de s'éteindre sans laisser de trace. Elle participe à l'ouverture de l'être et au lâcher-prise. À l'image de l'inspiration qui reçoit le monde et de l'expiration qui redonne ce qui a été reçu. L'allégement de l'activité sensorielle provient de l'absence d'appropriation. Sans imaginaire, elle retrouve équilibre et justesse. Elle s'accorde avec la réalité de l'instant.

La forme particulière que prend ma vie est ce dont j'ai besoin. Une seule pensée de doute et la souffrance commence. J'observe la puissance du mental dès que je suis séduite par son imaginaire. Aussitôt la frustration surgit et occulte le réel. Je deviens quelqu'un et cette entité contractée souffre puisqu'elle ne peut vivre la plénitude de sa vraie nature, alors que c'est son désir le plus profond.

Lorsque le souffle s'apaise, se centre et s'épanouit, l'emprise égotique lâche. Nous sommes moins préoccupés par l'aspect que prend l'instant. Nous le laissons être ce qu'il est. Cette absence de préoccupation n'est pas un retrait mais une absence de réaction, elle lisse les perceptions. Elle n'aplanit pas le réel, elle l'harmonise et l'unifie. L'opposition entre intérieur et extérieur disparaît.

Nous touchons le monde sans jamais quitter notre centre. Nous reposons au centre de nous-même, sans ressenti de frontière. Les perceptions, les activités n'ont plus la possibilité de nous perturber. Au même titre que le souffle, nous laissons leurs courants vibratoires nous traverser.

L'intimité avec le réel s'approfondit au fur et à mesure de l'élargissement et de la détente de l'ego. L'expansion de cet ego qui a perdu toute trace de narcissisme n'a pas de fin. L'unique désir qui lui reste est celui de se dissoudre toujours plus complètement dans l'océan illimité de l'Unité.

V

Le vide

Le vide à l'intérieur d'un bol

59. Fixer le regard sur un récipient,
un bol ou tout autre objet
en faisant abstraction de ses parois.
Lorsqu'on parvient à s'absorber en ce vide,
à cet instant précis, on s'identifie à lui.

Le matin, j'aime prendre le temps de contempler le vide qui emplit la tasse de porcelaine blanche, avant que le thé ne vienne la colorer d'un vert tendre. Je laisse mon regard se détendre et plonger à l'intérieur de son volume. Ses bords évasés, délicatement surlignés de marron foncé, disparaissent ; l'espace intérieur rejoint l'espace extérieur. Je me sens fondre en même temps que la tasse dans l'espace infini de la Conscience.

La séparation n'existe pas. Cette vérité se goûte via le corps vibratoire et non par le mental puisque la principale fonction du mental est d'objectiver la réalité et de créer des objets. Il n'est pas fait pour appréhender le continuum vibratoire du réel.

Nous avons perdu la capacité à vivre la réalité sans la fractionner, capacité qui implique de sortir de l'objectivation pour se donner à la perception directe. Si nous ne conceptualisons pas nos impressions, il devient évident que le corps ne se limite pas à son enveloppe physique.

Il s'étend bien au-delà. Pour vivre ce corps perméable et illimité, il est important de développer son ancrage dans le bassin et de consolider sa verticalité, tel un arbre qui laisse ses racines s'enfoncer dans la terre. Ses branches peuvent ainsi se déployer en toute liberté vers le ciel, sans compromettre son équilibre.

L'espace imprègne tous les êtres et toutes les choses, il est sans qualité particulière. Nous oublions cette vérité fondamentale et constitutive de la réalité parce que l'identité de surface des objets nous ensorcelle. Par identité de surface, j'entends l'image et le concept que nous formons à partir de chacune de nos perceptions. Regarder régulièrement le vide à l'intérieur de récipients ou d'anfractuosités naturelles nous rappelle que l'espace est notre nature. En s'absorbant dans la contemplation, l'objet et celui qui observe disparaissent – il ne reste que pure présence. Cette présence vibrante, vide d'objet, vide d'entité est notre véritable identité.

Le vide de l'univers

58. Ô puissante Déesse !
Perçois l'univers comme s'il était vide,
là même la pensée se résorbe.
Deviens le vase en lequel tout se dissout.

Dès qu'une impression surgit, notre mental la transforme en objet en l'objectivant. Cette interprétation fonctionnelle mais relative dépend entièrement de notre point de vue. Trop souvent elle devient notre unique référence et nous enferme dans le cadre étroit du mental. Un monde qui se résume à une succession, une accumulation d'objets, que ces objets soient matériels comme le corps physique ou plus subtils comme les émotions et les souvenirs.

L'objectivité fragmente la réalité et crée la dualité. Elle nous rend matérialistes lorsque nous considérons le corps, les émotions, les pensées, les perceptions, comme des objets qui nous appartiennent. Si nous pouvions rester légers par rapport à ces objets, en réalisant qu'ils n'ont pas de réalité en soi, nous serions moins inquiets et moins misérables. Le fait même de croire en leur réalité absolue nous transforme en une entité limitée, car pour faire exister un objet nous sommes obligés de scinder le réel. Nous perdons alors contact avec son unité fondamentale et cette perte génère une sensation douloureuse de manque et d'incomplétude. Il est essentiel d'interroger ce sentiment de séparation, non pas intellectuellement mais concrètement. Osons être dans un contact très direct avec l'instant, dans une intimité tactile et profonde avec celui-ci, sans intermédiaire conceptuel, pour goûter son nectar – sa substantifique moelle. Ce contact permet de recevoir des informations brutes directement issues de la source du réel. En plongeant dans la substance même de l'instant, sans que le mental n'intervienne, nous réalisons en direct, par le pur vécu, qu'il est impossible de se séparer de quoi que ce soit. Qu'il est impossible d'extraire nos impressions de l'arrière-plan de pure présence, de se sentir distincts de l'instant. C'est un tout indivisible. Ne nous laissons pas enfermer par nos concepts, l'univers entier est en nous.

Dans les moments de pure présence où le mental est absent, l'ego disparaît également, il fond dans la vastitude de l'Être. L'unité du réel devient une évidence palpable. Nous la vivons dans notre chair, tel un continuum de douce présence en lequel nous nous sentons immergés. Les objets sont les formes temporaires que prend ce continuum. Comme les vagues de l'océan, ils existent, mais sans ce fond essentiel ils ne sont rien.

Il y a une part de moi qui a toujours refusé de laisser le monde conceptuel envahir et recouvrir une réalité que je ressentais de manière très directe, une réalité tellement plus vraie, plus accueillante que toutes ces abstractions. C'est pourquoi j'ai si souvent résisté à ingurgiter des savoirs trop théoriques ou intellectuels, dès que je les sentais réduire et malmener mon intuition et ma sensibilité. Finalement, je ne me suis jamais laissée totalement domestiquer et mes professeurs m'ont souvent considérée comme une enfant obtuse, voire inadaptée au système scolaire. J'en ai déduit que je n'étais pas une intellectuelle et dans mes plus mauvais jours que j'étais stupide. Maintenant, je réalise ce que j'ai voulu à tout prix préserver : ce contact direct avec la vie qui ne peut se laisser réduire à des concepts sous peine de perdre sa substance. Jeune adulte, j'ai senti le réel perdre son suc et devenir aride, je ne pouvais me résoudre à cet assèchement qui semblait accompagner le fait de devoir devenir responsable et sérieuse. La nostalgie de ce contact m'a poussée à la recherche de ce qui se cache sous les apparences.

Dès que nous osons entrer dans une intimité organique avec le réel, nous accédons à une connaissance essentielle et universelle. Cette connaissance qui est en deçà des mots nous révèle, au fur et à mesure que notre écoute s'approfondit, l'origine et la nature de la manifestation.

Lorsque le mental se détend, il rejoint la Conscience illimitée dont il fait partie intégrante. Nous n'avons plus besoin de la multiplicité des objets pour nous sentir exister. La croyance d'être un individu isolé se dissout. Notre véritable identité se dévoile. Le Vide suprême se révèle être l'unique Réalité.

L'ABÎME

115. Au-dessus d'un précipice
ou d'un puits très profond,
regarder le fond sans ciller,
l'esprit libre de dualité conceptuelle,
aussitôt la pensée se dissout.

Au sommet de Roche Colombe[12], face à l'espace, je laisse mon regard s'ouvrir, sans rien fixer. Sans entrer dans l'objectivation, je reste dans le pur ressenti de l'espace qui s'étale sous mes pieds. Sentiment grisant de me déployer sans fin dans l'espace et de m'enfoncer dans la texture de l'univers.

Le vide imprègne la totalité des formes. La matière des montagnes en est saturée. Leur substance m'apparaît aussi éthérée que l'air, même si de leur présence imposante émane une densité palpable. La densité et l'éther des montagnes ne sont pas ressentis comme contradictoires mais comme faisant partie d'un Tout. Une réalité à la fois visible et invisible dans laquelle je me sens immergée.

Je ressens l'Être que j'ai en commun avec la montagne. L'étendue de ce mystère me plonge dans un profond silence.

---

12. Massif de Saoû, Drôme.

VI

L'esprit
Les pensées

Entre deux pensées

61. Au moment où l'on perçoit deux choses, prendre conscience de l'intervalle entre elles et s'y installer ferme. Si on les oublie toutes les deux, alors dans cet intervalle la Réalité resplendit.

Entre deux pensées, deux sensations, deux actions, qu'y a-t-il ?

Rien pour celui qui se situe uniquement au niveau du monde objectif, tout pour celui qui se situe au niveau de l'Être.

Le mental objective, c'est sa fonction. Il transforme chaque perception en objet et nous donne l'impression que la réalité se résume à la multiplicité des formes. Prisonniers de cette illusion, il nous est impossible de percevoir l'Unité qui se cache sous la diversité. Sortir du monde matérialiste et duel du mental suppose de descendre dans la profondeur de l'être pour laisser les perceptions libres d'objectivation. En ne cédant pas à l'habitude qui nous pousse à passer d'une perception à une autre, nous pouvons prendre le temps d'entrer en contact avec l'interstice vide de caractéristiques qui se trouve entre deux impressions. Cet espace n'intéresse pas le mental. Pourtant, si nous demeurons à même ce vide, nous touchons une présence ineffable avec laquelle nous ressentons une intimité incroyable, même si elle nous dépasse et que nous ne pouvons ni la cerner ni la définir.

Nous sommes face à la suprême Réalité. Cette Réalité, une et indivisible, est l'essence de notre être et de tous les objets.

Voici une manière très concrète d'explorer l'interstice entre deux actions : au moment où nous quittons une pièce pour aller vers une autre, nous pouvons nous donner entièrement au mouvement de la marche en oubliant la destination finale. Le vécu réel se déploie dans chacun de nos pas. Nous expérimentons le pur présent, celui qui abolit le temps.

Dans notre quotidien, nous portons rarement attention au temps de déplacement entre deux activités. Nous marchons en mode automatique, projetés dans l'activité vers laquelle nous nous dirigeons. Une fois le but atteint, nous pensons déjà à la prochaine activité. Notre mental découpe le réel en tranches comme autant d'objectifs à atteindre. Il objective des portions de temps et ignore le continuum d'espace qui les sous-tend et les relie. En sautant inlassablement de l'une à l'autre, il nous donne le sentiment que la vie est une course effrénée qui manque de cohérence et d'harmonie.

Si nous ne cédons pas à la précipitation qui nous pousse vers la prochaine activité et que nous oublions sur le champ celle que nous venons de terminer, nous expérimentons un moment de pure présence. L'interstice vide de caractéristiques n'a aucun intérêt pour le mental. Pourtant, dans cet intervalle, nous touchons l'Essence du réel.

La marche est une pratique qui permet de s'exercer à goûter cet entre-deux. Plutôt que de l'exécuter dans l'automatisme le plus complet, nous prenons le temps de nous immobiliser entre chaque pas. Commencer par déposer le poids du corps sur la plante de pied gauche, soulever la jambe droite, puis sans faire un trop grand pas, déposer le pied droit. Répartir le poids du corps sur les deux plantes de pieds et s'arrêter quelques secondes. Laisser le corps trouver son équilibre, ni trop en avant ni trop en arrière. Sentir combien c'est difficile de rester là, intégralement, en ne cédant pas à l'urgence de se rendre quelque part. Il s'agit de se laisser tomber dans le moment sans subir l'arrêt comme un empêchement, sans céder à la tentation de sortir au plus vite de cette expérience qui paraît trop simple pour le mental.

Ce petit exercice peut nous révéler quelque chose d'essentiel. Dans cet arrêt entre deux pas, l'instant s'ouvre, le temps chronologique se suspend. Nous pénétrons dans l'épaisseur du réel. Le contact avec le sol devient vivant. Nous nous surprenons à ne plus vouloir sortir de cette éternité où toute inquiétude nous quitte. La plénitude est là, palpable, elle fleurit au cœur de notre abandon. Nous reprenons la marche, la totalité du poids du corps passe maintenant sur le pied droit pour libérer la jambe gauche, le pied gauche se dépose à côté du pied droit. Nous prenons quelques secondes pour goûter cette pure verticalité, où la sensation des jambes et du bassin plonge dans la terre et le haut du corps s'élance vers le ciel. Continuer ainsi sur deux ou trois pas. Ensuite, observer comment se vit la transition. Est-ce possible de reprendre une marche normale en gardant cette qualité de présence ?

Tout au long de la journée, dans n'importe quel contexte, j'aime vivre ces moments d'arrêt imperceptibles, en sortant du train, au moment de prendre le téléphone, avant de démarrer la voiture, etc., comme un trou abyssal au sein du quotidien dans lequel je me laisse plonger sans aucune retenue. Plus rien – uniquement l'intensité vibrante de cet instant. Puis l'activité reprend sans occulter l'espace d'arrière-plan.

ÉTABLIR L'ESPRIT DANS L'ESPACE INTERSTITIEL

62. Dès que l'esprit quitte une chose, arrête-le !
Ne le dirige pas vers autre chose.
Dans cet espace intermédiaire,
la Conscience s'épanouit.

Notre mental, incapable de se poser dans l'espace qui sépare deux pensées, bondit de concept en concept et sature notre esprit de raisonnements. Grisé par cette danse effrénée en laquelle les pensées s'enchaînent sans répit, il ne voit pas l'intérêt de s'attarder dans l'interstice puisqu'il n'y a rien à transformer en objet, donc rien à s'approprier. Pour lui, il n'y a que néant dans lequel mieux vaut ne pas s'attarder sous peine de devenir néant à son tour.

Quand nous constatons que nous sommes pris par la danse folle du mental, s'arrêter net. Revenir vers le ressenti de pure présence. Si nous nous déposons entièrement dans ce moment sans chercher à arrêter le flot des pensées et sans se désespérer d'être emportés par ce tourbillon, la force d'attraction des pensées devient moins prégnante. Elles semblent s'éloigner, devenir moins bruyantes. Nous nous sentons moins concernés par notre discours intérieur. Ancré dans la sensation globale du corps, l'espace s'ouvre entre notre base de présence et les pensées ; nous réalisons alors que le discours se trouve en périphérie et que la présence est notre fondement. La présence est silencieuse même quand l'agitation du mental la recouvre. Aussi, dès que nous ramenons notre attention vers la sensation d'être, nous retrouvons le silence.

Identifiés à nos pensées, l'attachement que nous leur vouons devient excessif. Cet attachement entretient l'activité frénétique du mental et nous empêche de réaliser que nous existons en dehors de son discours. Aussi est-il intéressant d'exercer notre esprit à se détendre pour qu'il perde l'habitude de se focaliser sur nos pensées discursives. L'esprit gagne en souplesse jusqu'à se dissoudre dans la Conscience.

Dès que notre pensée quitte un objet et avant qu'elle ne se dirige vers un autre, s'arrêter net et tout oublier, comme si l'on perdait d'un seul coup la mémoire. Plonger sans retenue dans la verticalité de l'instant. Sans chercher à obtenir quoi que ce soit, se donner à cet arrêt qui rompt le rythme habituel du mental. Prendre le temps de sentir comment toute dynamique, après son point culminant, s'éteint dans la Conscience ultime. Soudain, nous sommes alignés avec la vérité de l'instant. L'espace s'ouvre, le temps se distend, il ne reste plus que l'Indéfinissable en lequel toute particularité disparaît.

Les pensées reviennent parce que c'est dans la nature de l'esprit de penser, mais elles sont légères, vives et fraîches. Elles ne sont plus issues de l'agitation du mental mais de notre tranquillité fondamentale.

La réalité n'est pas une succession d'états accolés les uns aux autres et la vie ne se résume pas à passer sans arrêt de l'un à l'autre. Dans un collier, il y a à la fois les perles et le cordon qui les traversent et les relient. Les perles sont nos actions, nos sensations et nos pensées, le cordon est la Conscience. Nous sommes à la fois le cordon et les perles, mais si nous ne prêtons attention qu'aux perles et que notre attachement à celles-ci nous aveugle, nous ne pouvons ressentir ce qui les unit. L'unité sous-jacente de la Réalité nous échappe.

Dès qu'une activité, une perception ou une pensée se termine, saisissons cette opportunité sur le vif. Laissons-nous glisser dans l'arrière-plan de la Conscience pour entrevoir la Vérité absolue qui se cache sous les vérités relatives.

La pensée libre de support

82. Se tenant assis ou couché,
que l'on évoque intensément son propre corps
comme privé de support.
La pensée libre de support,
les tendances inconscientes s'effondrent.

Assis, debout ou couchés, sans prendre appui sur le sol, nous laissons la sensation du corps s'enfoncer jusqu'à rejoindre la terre. En ne créant pas l'objet sol, sa dureté s'estompe. Nous ne percevons plus de démarcation entre le support et le corps. La sensation pure révèle un continuum au sein duquel il est impossible de distinguer ce qui appartient au corps ou au sol. Seule l'objectivation crée deux objets séparés, tandis que la perception directe nous montre qu'ils sont un. Cette expérience tactile permet d'expérimenter l'absence de limite du corps vibratoire.

Ce vécu a un impact puissant sur le mental. Ce dernier perd sa tendance à créer des entités distinctes. Son besoin de contrôler ou de comprendre de manière rationnelle tend à se relâcher. Nous pouvons nous donner au pur ressenti, sans passer par une image ou une histoire. Notre esprit repose dans son état naturel d'ouverture.

L'esprit qui ne prend appui sur aucun concept demeure dans un immense « je ne sais pas ». Il n'a plus l'élan de forger des certitudes. Chaque fois qu'une pensée se présente, il l'accueille sans s'y accrocher ni y croire absolument. Il ne se laisse plus duper par aucune affirmation, que ce soit les siennes ou celles d'un autre.

Chacun a ses références culturelles, son histoire personnelle et sa manière d'interpréter le monde. Mais nous ne sommes pas obligés de nous enfermer dans ce monde au point d'en oublier le réel. Nous pouvons reposer dans l'espace indifférencié de la Conscience qui admire chacune de ses expressions sans ressentir le besoin de les évaluer.

Nous ne sommes pas à l'origine de ce qui nous traverse. La Conscience, tel une artiste, déploie sa créativité infinie dans l'univers. Nous sommes tout simplement son pinceau, aussi ne laissons pas l'ego s'approprier le mérite de chaque trait. Ne le laissons pas distordre la justesse de ce qu'Elle exprime.

L'esprit qui ne s'approprie aucune pensée ne peut s'enorgueillir ni se sentir coupable d'aucune action. Il est totalement innocent en deçà des notions de bien et de mal qui ne sont qu'appropriations culturelles et collectives. Aussi vaste que le ciel, il ne se laisse enfermer dans aucun système de croyances car il sait que tout point de vue est relatif et limité. Son aspiration à l'espace libre et indifférencié est plus puissante que son attrait pour la sécurité d'un cadre bien défini.

Dès que nous affirmons quelque chose au sujet des autres, de nous-même ou du monde, nous pouvons le questionner. La moindre opinion à laquelle nous nous accrochons atténue la clarté de notre esprit. Cela demande une présence affûtée et un désir farouche de vérité pour reconnaître, sur le vif, la croyance dans laquelle le mental est en train de nous enfermer. Sa réalité relative nous semble si solide, si sérieuse qu'il est souvent difficile de ne pas être complètement happés par son monde. Mais dès que nous avons peur, c'est le signe infaillible que nous sommes piégés dans les constructions du mental. Nous ne sommes plus en contact avec le réel. Plutôt que de rester collés à l'histoire d'un monde hostile et incertain ou de chercher un apaisement dans une solution externe, nous revenons en nous. Nous admettons notre peur sans la fuir ni essayer de lui trouver d'alternatives. Nous entrons en intimité avec notre émotion jusqu'à goûter l'unité du réel. La vérité tangible de ce vécu immédiatement nous apaise.

Jouons à être aussi simples et innocents qu'un nouveau-né qui découvre le monde. Restons dans un rapport très concret, très direct avec ce qui est, en dehors de nos savoirs conceptuels, de nos opinions et de nos idéaux. Laissons le Réel nous éveiller à sa bonté primordiale. Dans le silence du cœur et de l'esprit, touchons l'ultime Vérité.

Notre forme illimitée

*92. Méditer sur son propre Soi en forme
de firmament illimité dans toutes les directions,
alors la conscience, libérée de tout support,
manifeste sa véritable essence.*

Me retrouver face à mes limites lorsque j'écris ou que je dessine est souvent difficile. J'ai tendance à m'identifier à la difficulté lorsqu'elle surgit et à entrer dans un jugement implacable qui engendre un mouvement de contraction généralisée. Mon esprit se rétracte, les tissus du corps se tendent, l'énergie se bloque et je me sens enfermée dans cette vision de moi-même. Le ressenti d'être est serré, inconfortable.

Je ne cherche pas à me rassurer avec des encouragements ou des appréciations positives. Je reste dans un contact intime et purement organique avec la contraction, sans essayer d'en sortir. Je fais face au jugement, sans contester ni raisonner. Quand il s'emballe jusqu'à me dire que je ferais mieux de disparaître de la planète, je me tais. J'écoute, déposée dans le fond de l'être, la violence de ce que le mental m'assène et les effets que cela entraîne dans le corps. Je ne fuis en aucune manière. Je suis simplement et sobrement présente à toute cette noirceur et cette négativité. Patiemment, j'attends. Le simple fait de rester avec ce qui est, sans désir de le changer, entraîne un apaisement.

Je reconnais la totalité de ce que je suis : ma limite, mon imperfection, ma réaction mais aussi la vastitude infinie de mon être. Mon expression est ce qu'elle est, elle est la directe émanation de l'être que je suis et m'imaginer différente ne fait que générer du stress. Je suis en amont de mes défauts et de mes qualités et si je ne m'identifie pas à ces attributs, ma conscience individuelle reste immergée dans la Conscience absolue.

La vérité du Soi ne peut jamais être affectée ni limitée par nos conditionnements ou notre personnalité. Cette dharana est une invitation à revenir à ce qui est antérieur à toutes nos caractéristiques et à ne se laisser enfermer dans aucune d'entre elles. Osons être pleinement nous-même en dehors des injonctions du mental. Devenons transparents pour que s'exprime, non pas nos réactions ou nos frustrations face à la forme que prend ce moment, mais la clarté et la bonté de notre essence toujours présente à l'arrière-plan. La transparence n'est rien d'autre que le relâchement de la contraction égotique et l'absence de résistance. Pourquoi vouloir nous parfaire ? Pourquoi ne pas nous détendre et reconnaître l'étendue de ce que nous sommes ?

Pour sortir des griffes de la pensée discursive, j'aime prendre la position de pure verticalité : *Wu Ji*[13], « sans limite », « sans polarité ». Prendre cette posture me permet d'expérimenter très concrètement le « je suis » sans qu'aucune distinction ni particularité n'interfère pour limiter ce pur ressenti d'être. La simplicité même

13. Pour plus de détails sur ces postures, cf. *La Voie de l'énergie* de maître Lam Kam Chuen, éd. Le Courrier du Livre, Paris, 2000 ; ainsi que *Ba Gua Nei Gong, vol. 2 : Qi Cultivation Exercises and Standing Meditation* de Tom Bisio, éd. Outskirts Press, Parker (Colorado, États-Unis), 2013.

de cette position court-circuite le mental. Elle oblige à plonger à la racine de soi sous peine de ne pas pouvoir tenir la position plus de quelques minutes.

Les pieds à l'aplomb des hanches, les bras le long du corps, les genoux légèrement fléchis, les yeux sont fermés ou ouverts et regardent l'horizon, au loin. Quel est le ressenti interne de la posture ? Quelles sont les régions qui sont tendues et celles qui ne le sont pas ? Comment est la sensation d'équilibre, de stabilité ? Je laisse le corps s'ajuster de lui-même en restant dans une écoute purement tactile et sans entrer dans l'évaluation de ma performance. Ce n'est pas l'image extérieure qui compte, mais plutôt la capacité d'être un, instant après instant, avec la réalité interne de la posture. Laisser la chair, les tendons et les muscles couler dans le sol comme une pierre coule dans le fond d'un étang ; simultanément l'ensemble du squelette est attiré vers le ciel. Ces forces d'attraction opposées équilibrent la posture et créent une dynamique qui maintient la verticalité sans effort. Laisser le mental reposer dans le bassin. La sensation du bassin coule dans les jambes, dans la plante des pieds, dans le sol. Sentir l'inspiration venir depuis la terre, traverser la plante des pieds et se poser dans le bassin, puis expirer dans la terre. Sentir l'inspiration venir depuis le ciel traverser le sommet du crâne jusqu'au bassin, puis expirer dans le centre du bassin. Sentir simultanément l'inspiration depuis la terre et le ciel se rassembler dans le bassin. La sensation de l'axe vertical devient de plus en plus vivante, elle se propage sans limite vers le haut et le bas. À partir de cet axe, à chaque inspiration, laisser maintenant la sensation se déployer dans toutes les directions, vers l'avant, vers l'arrière, les côtés, le haut, le bas. À l'expiration, maintenir la sensation d'expansion obtenue lors de l'inspiration, puis à la prochaine inspiration laisser l'expansion continuer de s'étendre jusqu'à atteindre la dimension de notre galaxie. Il est possible de se déployer jusqu'aux confins de l'univers.

Puis, revenir progressivement vers le centre du corps.

Pour la phase d'expansion dans toutes les directions, il peut être intéressant de prendre la position de l'arbre : *Zhan Zhuang*[14]. À l'inspiration, tout en dépliant légèrement les jambes, faire un micromouvement d'ouverture vers l'extérieur et sur les côtés avec les bras. Les bras et les jambes reviennent dans leur position initiale à l'expiration et rassemblent l'énergie qui devient plus dense. Avec chaque inspiration, la sensation d'expansion se déploie dans toutes les directions. Il ne s'agit pas d'une visualisation mais d'un ressenti subtil, vibratoire, que le mental ne peut appréhender. Cet exercice est un vécu, palpable, et non pas un nouvel imaginaire cultivé par un ego en quête de puissance.

Au sortir de cette pratique, le mental est silencieux. L'esprit est clair et affûté. Les gestes sont précis et assurés. Je ressens alors, de manière naturelle, l'unité avec la substance de l'instant. Je retrouve un sentiment d'animalité très agréable, les déplacements sont fluides, légers et en même temps emplis de force.

14. *Ibid.*

L'inexistence du mental

*94. Contempler l'inexistence
de l'ego, du mental et des pensées.
Sans pensées on est libre !*

Nous ne sommes ni l'ego, ni le mental, ni les pensées. En contemplant cette vérité fondamentale, l'esprit perd tout support et retrouve sa nature d'espace et de silence. Les pensées, l'ego et le mental sont des apparitions temporaires dans la vastitude de l'esprit. Elles sont comme des mirages sans substance. Si nous restons détendus quand l'ego ou le mental se manifeste, sans nous attacher à leurs affirmations, nous ne perdons pas contact avec notre nature illimitée.

Lorsqu'une pensée telle que « je suis heureux ou malheureux » émerge, constater cette interprétation sans s'y attacher afin qu'elle s'éteigne d'elle-même. Les pensées sont aussi inconsistantes que des bulles de savon et à vouloir les saisir, nous nous épuisons en vain. Pourtant c'est ce que nous faisons avec obstination. Que ce soit sous la forme d'un jugement, d'un commentaire, d'une conclusion, d'une projection, d'une mémoire ou d'une opinion, la moindre pensée qui se forme dans notre esprit nous hypnotise. Nous développons un attachement excessif à son égard parce qu'elle nous donne le sentiment d'exister et par là même nous sécurise. Bien qu'elle soit fausse, réductrice, bien souvent malsaine et destructrice, nous croyons fermement à ce faussaire. Pourtant, la pensée « je suis heureux » s'avère fade et étriquée au regard de la saveur unique du Réel.

Dès que je m'accroche à une pensée, l'instant perd de sa rondeur et de sa profondeur. J'ai un sentiment d'assèchement immédiat qui s'accompagne d'une sourde inquiétude. Je suis alors en recherche, il manque quelque chose à cet instant pour me sentir satisfaite et en paix. La pensée à laquelle je m'attache génère immédiatement un sentiment d'isolement car elle m'enferme dans le cadre étroit de mon individualité. Elle me coupe de l'instant et de sa douce substance. Il est difficile de comprendre qu'absolument aucune pensée n'est valide face au Réel. La moindre pensée réduit l'immensité de sa bonté et de sa beauté.

Lorsque déposée dans le fond de l'être, j'aborde le réel sans demande, je coule aussitôt dans la profondeur de l'instant. J'ai le sentiment enivrant de me dissoudre dans le vide, l'espace s'ouvre sans limite dans toutes les directions. Ce vide est d'une plénitude si totale qu'il comble toutes les attentes et apaise toutes les inquiétudes. Il ne s'agit pas de s'empêcher de penser, mais de ne pas se laisser hypnotiser ou croire aveuglément les pensées qui surgissent. Laissons-les librement fluer, sans les alourdir d'aucune interprétation ou justification. Ramenons notre attention dans le ressenti. Le corps sensible nous aide à reprendre contact avec la simplicité du réel. La vérité de ce corps vibrant invalide la croyance en notre limite. L'ego se détend et relâche son emprise, nous retrouvons notre liberté innée.

La Vérité est informulable. Elle est ce qui reste quand plus aucune pensée n'arrive à subsister face à sa grandeur.

Du moi au je

131. À l'occasion d'affirmations comme
« je suis, ceci est à moi »,
la pensée accède à ce qui n'a pas de fondement.
Inspiré par cette méditation,
connais la paix.

La pensée « je suis *ceci* ou *cela* » entretient l'ego. Cet ego n'est pas une entité en soi, seulement une fonction de l'esprit qui s'attribue les émotions, les pensées et les perceptions, ainsi que les différents rôles que nous assumons dans notre vie pour construire une identité. Il est impensable dans le monde de l'ego d'être sans attribut ni particularité. Cela équivaut à la mort. Aussi, il s'accroche maladivement à ses étiquettes, même si elles le font souffrir et le rendent misérable. Mieux vaut être malheureux que rien !

« Que se passe-t-il si je ne m'attribue aucun qualificatif ? Qu'est-ce que je deviens ? » Il est intéressant de se donner à ce jeu où nous n'affirmons ni ne revendiquons plus rien, d'aller avec les événements sans nous attribuer le mérite de quoi que ce soit. Cette position amène légèreté et souplesse dans notre quotidien. La vie flue plus librement sans notre intervention. Du point de vue de l'ego, c'est une position téméraire, mais du point de vue de notre vraie nature, c'est naturel et apaisant.

Comment rester dans le pur sujet « Je » sans se faire emporter par l'ego et ses histoires ? Il s'agit de revenir à la racine de l'être, de s'asseoir en soi-même et de ne pas se laisser déloger de cette assise interne par les circonstances, que celles-ci soient favorables ou défavorables. Et s'il nous arrive d'imaginer que la situation pourrait être meilleure, nous investiguons cet espoir qui nous réincarne en tant que *moi*, jusqu'à réaliser que l'espoir est une fuite, une manière de ne pas rencontrer ce qui est là.

Petit à petit, notre intérêt pour les provocations que la vie ne manque jamais d'offrir s'accroît. Nous avons de moins en moins envie de changer le cours du réel. Nous sommes disposés à ressentir les émotions ou les réactions que les situations adverses déclenchent. Le chemin de l'éveil à notre vraie nature passe par la rencontre intime avec notre résistance. Il ne s'agit donc jamais de se défaire d'une situation inconfortable mais de faire un avec l'inconfort, car la libération se trouve au cœur de ce qui nous attache aux événements, à savoir notre réactivité.

Tout au long de ma vie de pratiquante, j'ai pu réaliser de plus en plus clairement que le simple fait de m'approprier ce que je ressens, pense ou perçois m'incarne en tant qu'entité individuelle. Aussitôt les symptômes du *moi* se font sentir, les tissus du corps se resserrent. La douceur et la sérénité s'estompent, une anxiété sourde et généralisée m'envahit. Ces signes sont suffisamment parlants et identifiables pour m'alerter que l'ego est de retour. Je me pose pour faire face aux croyances auxquelles je suis en train de m'attacher. Honnêtement et patiemment, je démantèle cet imaginaire. Dans l'assise silencieuse, le scénario se révèle. Il ne s'agit ni de le justifier ni de l'expliquer mais d'aller au cœur, là où c'est tellement tendre que parfois c'est douloureux, là où ça coûte parfois très cher de lâcher prise. L'assise, sans autre intention que l'intimité, offre un support d'écoute et d'accueil qui permet au moi de se détendre. Le lâcher-prise ne peut jamais avoir lieu sous la contrainte, le jugement ou la volonté. Seule l'ouverture totale et l'amour inconditionnel peuvent dissoudre nos constructions mentales et nos croyances.

Ce matin en regardant mon reflet dans le miroir, la pensée « je suis vieille » a surgi. J'ai observé l'impact qu'a cette pensée si je m'y accroche. Elle engendre un stress qui se traduit sous la forme d'une légère contraction dans le corps. Je vois maintenant une vieille, et des images fantômes de femmes ridées, chauves et édentées dansent devant mon reflet. D'autres pensées méprisantes et dramatiques se greffent sur cette première pensée.

Fascinée, j'observe le pouvoir et la créativité du mental. En un clin d'œil, il m'a séduite et entraînée à sa suite. Je souris devant ce déferlement de pensées négatives qui déjà s'estompent. Je suis là, maintenant, face au miroir. Le corps, à l'unisson du cœur, s'ouvre. Un sentiment de paix et de liberté inébranlable m'envahit.

Par goût pour l'exploration, je laisse le jeu du mental reprendre. La pensée « je suis une femme » surgit, j'interroge sa véracité en constatant qu'elle réduit instantanément l'espace. Je vois l'échafaudage d'histoires qui se construit sur cette première pensée, issue de la culture, de la société et de la lignée auxquelles j'appartiens. Ces histoires ont leurs vérités et leurs beautés, mais elles réduisent mon identité et je ne peux plus me résoudre à m'enfermer dans leur image.

Puis la pensée « je suis » émerge. J'observe et je constate qu'elle entraîne aussi une forme de contraction, même si elle est subtile.

Dans l'instant, face à mon reflet, j'oublie tout ! Je me laisse prendre par le fond de mon être. Je ne m'appuie plus sur aucune pensée pour me sentir exister. Je ne peux plus me définir car je suis en deçà de toute caractéristique identifiable. J'existe sans *moi*.

L'apaisement est profond lorsque nous pouvons nous laisser être ce que nous sommes sans le support d'aucune image ni d'aucun scénario. Dissous dans la substance de l'instant, nous sommes Un. Une douce félicité se propage dans tout notre être.

Je regarde ce corps, je ne suis pas délimitée par sa forme. Je me perçois tout autour et bien au-delà, ce n'est pas visible extérieurement mais c'est palpable. Une tendresse m'envahit devant ce compagnon fidèle et docile, ce corps éphémère qui supporte ma vie sur terre.

« Qui suis-je ? »

97. Quand ma volonté ou ma connaissance
n'ont pas encore surgi, qui suis-je ?
Telle est la vraie nature du « Je ».
S'identifier au sujet ultime « Je »,
s'absorber en Lui jusqu'à le devenir.

Libre de la volonté et des savoirs relatifs de mon ego, je repose dans le fond indifférencié de ma vraie nature. Je me sens tranquille et vivante, immergée dans un océan de silence vibrant. Disponible, ouverte pour recevoir la prochaine impulsion de la vie qui va me mener soit vers la cuisine, soit vers mon ordinateur, soit vers le chemin derrière la maison, soit au volant de ma voiture. Je me laisse prendre par l'intelligence de la vie qui sait exactement où elle doit être en ce moment. Rien à approuver, rien à contester. Le mental est tellement détendu qu'il a fondu dans la pure présence… Silence.

Je savoure l'ouverture illimitée de mon être quand il ne veut ni ne désire rien d'autre que la Réalité. Je me laisse, avec de plus en plus de confiance, mourir en elle.

Comblée par le spectacle de la brume qui s'effiloche au gré de la chaleur matinale, mon regard se perd dans le paysage changeant. Mon écran devient noir par manque d'activité, puis mes doigts retrouvent le clavier – pas de rupture. Tout à coup un éclat de lumière, la brume devient étincelante, presque éblouissante. Pur moment d'émerveillement. Aller-retour silencieux entre l'écran et la fenêtre. Quand ma volonté est au repos, je coïncide parfaitement avec la réalité du moment. Le *moi* a desserré son étreinte et c'est l'immersion dans le grand « Je ».

La question « qui suis-je ? » est la plus profonde qu'un être humain puisse se poser. Afin d'éviter de rester enfermé dans le cadre étroit de ce que l'on connaît, il est important de ne pas chercher trop vite une réponse et de rester dans l'esprit très large qui ne sait pas, en amont de toute formation mentale. Il s'agit de ne pas fuir la confrontation avec ce qui est indescriptible et qui nous semble au premier abord pur néant. Nous sommes en deçà de toute connaissance particulière. Le mental est complètement démuni. Désemparé face à l'immensité de l'Être, il ne peut plus utiliser ses outils de compréhension habituels.

Dans ce vide apparent, il y a une connaissance tellement directe qu'elle nous échappe. Nous ne pouvons pas l'objectiver, sinon elle se voile. Il s'agit de notre essence.

On se sait *être*, c'est une connaissance de première main qui ne peut s'actualiser que dans le pur vécu. Une certitude sur laquelle nous prenons appui chaque fois que nous énonçons quelque chose à notre sujet.

Il s'agit de se laisser goûter cette évidence en laissant nos particularités fondre en elle. Impossible de s'approprier quoi que ce soit. Il n'y a rien à saisir dans ce vécu pour nous permettre de continuer à exister en tant qu'entité individuelle. Notre conscience personnelle dissoute dans la Conscience illimitée, nous ne savons plus qui nous sommes. Il ne nous importe plus d'être une entité définie. Notre identité essentielle se révèle dans notre abandon le plus complet.

L'illusion de la connaissance objective

99. Toute connaissance
est sans cause, sans fondement et fallacieuse.
Elle n'appartient à personne.
En contemplant cela, Ô Bien-aimée, deviens libre.

Nul besoin d'explication pour comprendre le réel ! Il s'offre entièrement à chaque instant avec une précision et une clarté tranchantes. Pourtant, nous ne savons plus le recevoir en direct. Le savoir que nous avons accumulé à son sujet nous empêche de le voir dans sa vérité originelle. Cette connaissance conceptuelle nous enferme dans une vision erronée parce qu'elle reste à la surface. N'étant pas capable de plonger à la racine du réel, elle se contente de le diviser en entités autonomes. Nous morcelons le monde en une multitude d'objets disparates, et au fur et à mesure que notre connaissance se spécialise, il devient de plus en plus complexe.

Lorsque nous osons rester dans une perception très directe, le mental au repos, le réel se simplifie et s'unifie. Nous touchons son essence avec laquelle nous ressentons une profonde intimité. L'intelligence et la subtilité de son organisation nous rendent muets d'émerveillement.

Notre potentiel perceptif est énorme mais il est sous-développé car personne ne nous apprend à le cultiver. Le monde occidental moderne n'accorde que peu de place à l'intuition, à cette connaissance pure qui naît de l'observation contemplative du vivant. Seules l'intelligence spéculative et la dépendance à la complexité des objets sont surstimulées. Notre intuition s'étiole, faute d'attention. Nous ne savons plus faire confiance à cette intelligence naturelle.

Durant l'affaire du Covid, l'activité de mon mental a connu un pic fabuleux ! Je l'ai vu se jeter sur les informations et se faire prendre dans le jeu d'explications extrêmement spécialisées et de points de vue contradictoires et alarmistes. La course frénétique qui me poussait à chercher toujours plus d'informations était captivante, mais elle a rapidement provoqué en moi une forte anxiété. Le monde devenait menaçant. J'avais la sensation troublante que plus je cherchais à trouver la vérité dans cette surenchère d'informations externes, plus elle m'échappait.

Devant ce constat, j'ai lâché prise et je suis allée observer le jardin pendant de longues heures. La période de confinement était tout à fait propice à la contemplation. J'ai vu la vie à l'œuvre. Mon jardin plutôt sauvage accueille toutes sortes de plantes. Chaque matin, je découvre de nouvelles venues. Je ne peux me résoudre à considérer aucune herbe comme mauvaise, chacune a son territoire en fonction de l'exposition, l'état du sol et des plantes qui l'entourent. Devant la créativité incroyable de la nature qu'aucun contrôle humain ne peut prévoir ni enrayer, je souris de mon arrogance.

Comment comprendre le potentiel infini contenu dans l'énergie de vie à partir de mon point de vue personnel et de mes connaissances limitées ? Le vivant a créé ce virus, l'intelligence de la vie est à l'œuvre en lui. Il m'est impossible de connaître le grand plan de la Conscience, moi qui n'en suis qu'un simple reflet, sans existence propre. Sans elle, je suis néant et le virus, comme moi-même, représentons une infime partie de sa divine expression. Qui suis-je pour me permettre de penser qu'il y a un problème ou une menace dans la manière dont la Conscience se déploie ? Je sais, en regardant ma propre vie, qu'il faut souvent passer par le chaos, la confusion et l'aveuglement parfois extrêmes pour que la clarté émerge, pour que l'essentiel éclate.

Modestement, je suis revenue dans la simplicité du quotidien. J'ai retrouvé confiance et j'ai laissé le réel me révéler lui-même sa vérité profonde et immuable.

Ma pratique quotidienne est de me rendre de plus en plus disponible aux leçons de la vie. Dès que la moindre inquiétude survient, je m'interroge pour comprendre à quelle croyance ou à quel fantasme je m'accroche. Qu'est-ce que je refuse de voir et d'aimer en cet instant ?

Ce questionnement n'est pas purement mental. Il ne s'agit pas d'argumenter mais de descendre en soi-même, à la racine de l'être, pour laisser les vraies réponses émerger du fond de cette présence fondamentale.

Sans cesse revenir au « je ne sais pas », non pour fuir mais pour s'engager dans l'ordinaire de la vie à partir d'un cœur ouvert plutôt que d'un mental étroit et imbu de son savoir.

L'omniprésence de la conscience

116. Partout où va la pensée,
vers l'extérieur ou vers l'intérieur,
Ô Bien-aimée, là se trouve l'état divin ;
celui-ci étant omniprésent,
où la pensée pourrait-elle aller pour lui échapper ?

Marcher avec mon père, en silence, dans le Vercors. Caler mes pas sur les siens – réguliers, tranquilles. J'aime ces moments où je suis seule avec lui, pas un mot n'est prononcé, ou si peu. Il est là, habité par une tranquillité naturelle qui m'apaise. Ensemble, nous regardons une fleur de montagne. Je lui demande s'il a des pensées quand il regarde cette fleur. Il me répond : « Non, pour quoi faire ? » J'envie sa simplicité qui, longtemps, m'est restée inaccessible.

Par moment la magie de sa présence opère, je suis happée dans son silence, la machine à commenter se tait et je peux enfin, pleinement, profiter du paysage.

Fréquenter ce silence naturel depuis l'enfance a eu un impact profond, je m'en rends compte maintenant. Depuis le début, j'ai l'information que le silence est notre état naturel, quand on est présent. Mon père était fils de paysan, il a travaillé la terre dès son plus jeune âge et a continué jusqu'à la fin de sa vie en prenant soin de son jardin. Le contact avec la terre était sa manière d'entretenir son équilibre intérieur. C'était un homme solidement enraciné. Sa simplicité d'être était une vraie leçon de vie pour la jeune femme anxieuse que j'étais. Un jour, je lui ai dit : « Tu vois, je fais des stages de méditation pour être dans ton état ». Il a souri.

Quand j'ai commencé à méditer, je savais déjà que le silence découle de l'ancrage dans l'instant et non d'une contrainte exercée sur les pensées. Je le savais de manière instinctive, même si je n'arrivais pas encore à l'incarner. Cela m'a permis de ne pas tomber dans le piège de vouloir éradiquer les pensées. Contrôler l'esprit, le contraindre à ne pas penser, génère une tension et nous maintient dans le cadre du mental. C'est comme entrer en guerre contre un aspect de soi-même. L'esprit aime vagabonder de-ci de-là, il est curieux de tout : le chant d'un oiseau, une cloche qui sonne, l'odeur de la pluie, le bruit du vent, un souvenir, une sensation, une émotion, une idée… Si on le laisse librement passer d'une impression à une autre, sans s'en préoccuper outre mesure, ces pensées n'ont pas la possibilité de nous couper de la substance de la réalité.

Lorsque l'ego saisit les pensées, il ne peut s'empêcher de commenter, de spéculer, d'argumenter et surtout d'ajouter des pensées aux pensées. Il nous absorbe dans son bavardage surabondant. Pourtant, au sein même de ce discours redondant, la conscience reste pure. Elle illumine tous les aspects du réel, sans discontinuer. Une pensée, même bavarde, est la forme que prend ce moment. Si on ne s'y agrippe pas et que l'on ne construit rien avec, l'esprit demeure en sa vastitude innée et l'on reste immergé dans le Réel.

VII

Le cœur

L'INTENSITÉ DE L'ADORATION

121. L'intuition qui émerge de l'intensité de l'adoration est l'énergie même de la Conscience. L'invoquer régulièrement nous mène à l'Absolu.

Cette dharana a immédiatement résonné avec le feu qui me pousse à ne jamais m'arrêter à la surface, pour aller toucher la substance du Réel. Se donner à l'intensité de l'adoration sonnait comme une évidence pour la femme entière que je suis. Mais comment adorer sans transformer l'Adoré en objet ? Le défi m'attira avec une force mystérieuse et irrésistible.

C'est avec ardeur que je me suis dédiée à la voie, à ses pratiques et à ses enseignants. Sur ce chemin subtil et périlleux qui exige d'ouvrir son cœur au-delà de toute projection et de toute attente, j'ai parfois réduit l'Absolu à son guide.

Cependant, j'ai toujours pressenti qu'un Autre, immense, insaisissable, attendait mon adoration en silence. La vérité et l'intensité de mon amour ne pouvaient s'arrêter à aucune forme. Je désirais goûter ce qui est au-delà de toutes les apparences.

Oser adorer sans se laisser piéger par le besoin de posséder ou de construire une histoire nous pousse à la limite de nous-même. Lorsque l'attachement ne sclérose pas l'amour, il devient très vaste.

Un guide, une abbaye, une étoile peuvent servir de tremplin pour se dissoudre dans l'Immensité. Lorsque l'élan est suffisamment puissant pour dissoudre à la fois l'objet d'adoration et le sujet qui adore, il ne subsiste plus que l'intensité. Nous touchons le cœur du Réel. C'est toute la beauté et la subtilité du lien inclassable qui peut se tisser entre un guide et son élève. Un lien au service de l'Ultime, où la clarté de l'orientation présente dans le cœur de chacun permet à cette aventure de ne pas s'enliser dans un relationnel déséquilibré et aliénant.

Au plus profond de moi, sans que je le décide, l'instinct du vrai m'a préservée de toute sorte d'égarement. Aucune forme n'a réussi à enfermer mon adoration, même si l'exigence de cet envol au-delà de toute créature a parfois dévasté mon cœur. L'Absolu exige un don total, aucune idole ne doit persister pour que l'Unité s'accomplisse. Au sein de ce dépouillement total, j'ai découvert l'idole la plus coriace : mon identité personnelle. Elle seule a le pouvoir de brider mon élan par peur de découvrir la réalité de son néant. Pourtant, dans ce néant de moi-même, l'Essentiel resplendit et je reconnais, émerveillée, mon identité avec l'Absolu, tout en restant un infime reflet de Sa Grandeur.

L'adoration trouve alors sa pleine dimension. N'étant plus limitée par aucune image, elle s'adresse à la totalité. La beauté simple d'un rayon de lumière, du bruit délicat de la pluie ou d'un sourire nous émeut. L'Amour est là, partout. Il est la substance même de l'univers. Il devient impossible de ne pas aimer, même si parfois la vie revêt un aspect confrontant qui nous demande de descendre plus profond pour garder le cœur ouvert.

Lorsque le cœur est ouvert, nous percevons le monde en direct. Notre intuition s'aiguise. La reconnaissance du vrai et de la dissonance est instantanée. Aucun filtre conceptuel ne vient dénaturer les informations vibratoires de l'instant. Aucun imaginaire n'a le pouvoir de nous aveugler trop longtemps. Parfois, le doute revient. L'amour est mis à l'épreuve par la vie. Il s'agit de perdre toute tendance à s'approprier et à se créer, afin de ne pas se séparer de l'instant et d'ainsi rester immergé dans notre vraie nature.

Celle ou celui qui s'est complètement offert au Réel et dont le cœur est habité par cette pure adoration sait le prix à payer. Il ne peut garder aucune forme ni aucune histoire, il lui faut demeurer dans le dénuement le plus complet pour goûter l'Absolu au sein du monde manifesté. Dépouillé de lui-même, de son monde, son amour ne s'arrête plus aux formes. Il s'élargit sans fin.

Adorer le Réel tel qu'il se manifeste, ne pas laisser le doute m'extraire de l'Unité : un engagement que je renouvèle tous les matins, dans le secret de mon cœur.

L'ESPACE DU CŒUR

49. Ô bienheureuse ! Celle dont l'esprit et les sens sont anéantis dans l'espace du cœur se fond dans le centre du cœur et connaît le bonheur suprême.

Le cœur est l'organe de réception par excellence. Spontanément, il s'ouvre pour recevoir les informations que les sens glanent alentour. Ces multiples impressions cultivent sa vibration subtile, à condition que la tendance égotique à s'approprier les sensations n'intervienne pas. Ce mouvement centripète, qui domine en général nos sens, resserre l'espace du cœur. Les impressions vibratoires ne peuvent plus circuler librement et n'arrivent plus à toucher notre noyau sensible. Le potentiel vibratoire du cœur s'amoindrit, voire s'éteint.

Le cœur est aussi l'organe le plus tendre. Il est très vite blessé. Nous faisons tous face à un moment ou un autre à un environnement hostile, parfois brutal. Pour survivre, nous prenons l'habitude de nous rétracter afin de protéger ce point hyper sensible en nous. Chaque fois que nous avons été touchés et que l'émotion nous a submergés, nous avons replié l'espace du cœur. Il s'est ainsi rétréci au fur et à mesure des impacts émotionnels jusqu'à devenir un nœud de tensions.

Avec les années, il s'endurcit et il est parfois dans un tel état de dureté que plus rien ne le touche, plus rien ne le fait vibrer. À ce moment-là, la sensation d'isolement est extrême car un cœur fermé ne peut plus entrer en résonance avec ce qui l'entoure.

Le cœur est simple : il aime.

Mais la complexité du mental et la réactivité égotique le tourmentent. Nos craintes, nos doutes et nos espoirs le blessent et il a de plus en plus de mal à rester ouvert et simple. Il se charge alors de toutes les demandes de reconnaissance et d'attention de l'ego. Demandes insatiables qui l'agitent et le rendent amer, car elles ne peuvent jamais être pleinement satisfaites. Elles finissent par l'engorger. Il se retrouve en souffrance et pour tenter de mettre fin à cette souffrance, il se replie encore plus. Un cœur qui se protège ne peut plus percevoir la beauté du monde, il ne voit plus qu'agression.

Comment désencombrer le cœur ?

En prenant en charge nos attentes, en acceptant de les écouter et en ayant le courage de ressentir les émotions qui les accompagnent. Exiger de nos proches cette prise en charge entretient l'agitation et la souffrance du cœur. En revanche, dès que nous osons écouter nos blessures les plus profondes et que nous les laissons directement parler plutôt que de les enfermer dans une histoire, immédiatement le cœur s'apaise. En leur offrant l'espace et la bienveillance dont elles ont besoin, elles s'allègent jusqu'à parfois se dissoudre. L'espace du cœur se vide de tout ce qui l'encombrait, il retrouve sa capacité à vibrer.

Il s'agit également de réaliser combien l'appropriation rétracte. Aussi, plutôt que fermer les mains pour saisir, nous pouvons les ouvrir pour rendre à l'univers ce que l'on reçoit, car rien ne nous appartient. Nous ne sommes qu'un lieu de passage. Les mains sont la prolongation du cœur, au centre de la paume de main se trouve une de ses portes. Ne rien saisir, ne rien s'approprier, c'est le secret pour ne pas obstruer la sphère du cœur.

C'est très intéressant d'expérimenter la vie à partir d'un autre point de vue que celui du mental et de ses critères. Nous ramenons l'esprit vers le centre en quittant la région frontale où se trouvent le mental et la perspective égotique. Nous le laissons descendre au centre de la poitrine et se dissoudre dans l'espace du cœur. L'esprit qui repose dans la profondeur du cœur nous relie à une intelligence plus fondamentale qui est en paix avec la réalité.

Tout au long de la journée, nous pouvons nous entraîner à demeurer dans le cœur, face aux événements, face à un être humain. Nous avons alors la possibilité de les percevoir et de les ressentir de manière très directe. Leur vérité vibratoire entre directement dans notre cœur largement ouvert. C'est un contact très engageant où aucune protection ni aucun stratagème ne s'active. Nous osons laisser à nu notre centre le plus tendre pour être touchés sans filtre.

Un cœur ancré dans la profondeur de l'être, qui n'est plus sous la domination d'un ego inquiet, se laisse naturellement toucher par le monde et il touche le monde en retour sans que cela n'entraîne aucune perturbation. Chaque contact contribue à l'ouvrir davantage. C'est par le cœur que nous comprenons et expérimentons la non-dualité. Sans passer par le cœur, toute compréhension métaphysique reste stérile.

Un de mes mouvements préférés est d'ouvrir les bras en croix, les paumes de mains et le centre de la poitrine ouverts, donnés à l'espace. Pour moi, il reflète l'ouverture totale du cœur. Dans cette position, je sens le monde, l'humanité entrer en moi sans aucune barrière et en retour j'offre mon cœur.

Lorsque le cœur reste ouvert, sans plus se troubler de ce qui arrive, une plénitude et un bonheur inégalés surgissent.

La joie de revoir un ami

71. À la vue d'un ami ou d'un proche
dont on a longtemps été séparé,
une grande félicité surgit.
Faire un avec cette joie.

Chaque fois que je revois ma fille après plusieurs jours ou semaines d'absence, je profite de ce premier instant de retrouvailles. Le cœur grand ouvert, je la reçois avec tout mon être, comme si c'était la première fois que je la voyais. Le premier contact est exempt d'histoires, de mémoires. C'est la vie qui jaillit devant mes yeux sous la forme de Lou. Tout m'émerveille en elle. Une joie profonde et discrète me submerge et je ne veux pas rater une seule seconde de cette grâce en me laissant distraire par une pensée parasite. Lorsqu'elle est dans mes bras, je me sens fondre dans la pure présence. Tout disparaît et je goûte la délicieuse substance de l'instant.

Trop souvent, les histoires passées recouvrent la présence de l'être aimé et perturbent la rencontre ; il est alors impossible de goûter pleinement la joie des retrouvailles.

Il s'agit d'apprendre à ne pas laisser le mental nous voler ces moments de grâce en descendant d'un étage pour nous poser dans le cœur, à la racine de l'être. Si nous ne voulons rien et n'attendons rien de la personne qui nous fait face, nous pouvons être touchés en direct par sa présence. Lorsqu'elle se sent reçue dans cette totale innocence, elle ne se protège plus. Au sein de cette ouverture commune, l'altérité s'estompe. Nos êtres reconnaissent l'identité de leur essence et fondent de concert dans l'immensité du Soi.

Je peux vivre cette joie avec un inconnu dans la rue. Nos regards se croisent, un sourire authentique surgit du cœur parce qu'une véritable disponibilité est là. Cette disponibilité crée les conditions favorables à l'émergence de la bonté en nous et autour de nous. Nous sourions au ciel, aux arbres, aux inconnus dans la rue parce que nous sommes en paix avec le réel. Et nous recevons sourires et attentions comme autant de cadeaux inattendus.

Chaque rencontre est l'occasion de s'abreuver à la source de la félicité, si nous nous donnons entièrement au vécu de l'instant, sans créer de frontière.

Le désir existe en toute chose

105. La connaissance ou le désir
n'existe pas seulement en moi
mais se trouve partout, dans tous les objets.
Réalisant cela, on devient omniprésent.

Quand je vais dans un musée d'art traditionnel, le musée Guimet par exemple, je lis rarement les étiquettes. J'ai remarqué que cela a tendance à perturber ma vision et à m'emmener dans la connaissance intellectuelle qui me coupe du ressenti immédiat. Je préfère ne rien savoir et me laisser imprégner par la présence de la statue devant laquelle je m'arrête. Sous la beauté de ses lignes et de son volume, son être vibre de manière subtile. J'entre en résonance avec sa vibration qui me délivre en silence le secret de son histoire. Certains objets, parce qu'ils ont été laissés dans un recoin moins visité, et par conséquent rarement contemplés avec amour, sont moins vibrants que d'autres. Pour ces objets, il faut prendre plus de temps afin que leur vibration, qui s'est étiolée par manque d'attention véritable, se réanime.

Lorsque nous sommes emportés par l'avidité et la précipitation, nous devenons un consommateur insatiable, jamais comblé. En revanche, si nous restons déposés en nous-mêmes et que nous laissons les objets venir vers nous plutôt que de nous jeter dessus, le rapport s'inverse.

Nous passons du statut de prédateur à celui d'amoureux. Notre cœur s'ouvre et nous percevons le désir subtil d'être admiré qui est présent en chaque objet, plus particulièrement dans les objets traditionnels, les œuvres d'art, les éléments naturels, les végétaux, les animaux et les humains. Nous découvrons que le désir existe en toute chose.

Nous pouvons rester dans ce rapport très direct avec un objet, en deçà des noms et des définitions que notre mental discriminant lui surimpose. Sa présence réelle et vivante nous parle de la connaissance originelle. Au regard de cette connaissance, tous nos savoirs s'avèrent être de simples étiquettes fonctionnelles, vides de substance.

Lors d'une grande rétrospective de Bruegel à Vienne, il y avait des tableaux magnifiques, mais presque personne ne prenait le temps de les voir. Dans les musées, la plupart des gens écoutent leurs audiophones ; ils se posent devant le tableau en écoutant ce qu'on leur dit de regarder ou lisent pour comprendre et trouver des références historiques. Ils restent dans l'histoire du tableau ou l'appréciation de la technique. Peu de personnes se laissent simplement toucher par le tableau. Pour ma part, dans une exposition, je regarde uniquement les quelques tableaux qui m'appellent. Je reste longtemps devant et je regarde avec tout mon corps. Je me laisse imprégner par la toile, sans l'intermédiaire d'explications objectives. Je laisse la vibration de la couleur, la composition entrer en moi. Je vis la lumière, les traits, la matière dans ma chair. Le tableau me dévoile son secret au fur et à mesure que je m'abandonne. Je ressens l'état dans lequel était le peintre, ce qu'il a cherché à montrer et qui existe en deçà des mots. C'est un moment d'unité absolue où il ne reste que la vibration de la beauté.

Se dissoudre dans l'expérience pure de la beauté à la fois nous attire et nous effraie. C'est d'ailleurs cette appréhension qui nous pousse dans l'analyse, la conceptualisation et le jugement pour fuir la puissance de l'expérience. C'est très intéressant d'observer ce mouvement de défense, il est révélateur de notre attachement à la dualité.

Depuis quelque temps, je réalise que je peux vivre ce même contact avec les animaux sauvages. J'aime faire la position de l'arbre, à l'aube, dans un endroit protégé au cœur de la forêt. Un matin, il y avait pas mal de bruit à ma gauche, ça grattait fort ! J'avais peur que ce soit un sanglier, mais j'étais tellement enracinée et tranquille qu'il n'y avait en moi aucun élan de fuite. L'animal ne m'avait pas encore aperçue. Il s'est rapproché, je l'ai vu du coin de l'œil sortir des arbres pour entrer dans la petite clairière où j'étais posée ; c'était un jeune chevreuil. Il a continué à s'approcher. Mon cœur s'est mis à battre plus fort. Très lentement, j'ai tourné la tête, nous étions assez proches et là, il m'a vue. Nous nous sommes regardés un long moment. Il y avait de la curiosité de son côté et de la tranquillité du mien. Dans mon regard, dans mon être, il n'y avait aucune excitation, aucune envie de saisir quoi que ce soit, juste une immense ouverture et le silence. Il a fait un bond sur le côté mais sans s'enfuir, puis il s'est mis à aboyer. J'ai compris que je le dérangeais et qu'il m'intimait de dégager le passage. Il est resté à tourner autour de moi un long moment, à une distance suffisante, en faisant un cri qui ressemble à un aboiement grave. Puis, quand il a compris que je ne bougerais pas, il a lâché l'affaire ! Ce fut une rencontre intense. Notre long échange de regards a été possible non seulement parce que je ne me suis pas dirigée vers lui énergétiquement, mais aussi parce que je lui ai laissé tout l'espace en n'étant qu'accueil. J'ai senti sa présence dans tout mon être et je sais qu'il en a été de même pour lui, car c'est sa manière naturelle d'être en contact avec la réalité. Le chevreuil n'objective pas la réalité, il la vit en direct sans s'en dissocier.

C'est ce regard que j'aime avoir sur toute chose. Un regard de pure présence qui n'a besoin ni de nommer ni d'expliquer pour connaître.

Ni pureté, ni impureté

123. La pureté à laquelle l'ignorant croit
semble impure pour celui qui connaît Shiva.
En réalité, il n'y a ni pureté, ni impureté.
C'est pourquoi celui qui est libre de la pensée duelle
est serein.

Longtemps, cette stance m'a interpellée. J'y pressentais un espace de liberté immense. Le simple fait de savoir que tous les actes sont issus de la Conscience apaisait mes regrets, mes doutes et mes jugements. Je pouvais m'autoriser à être celle que je suis sans me sentir coupable de ne pas être parfaite.

Pourtant, elle soulevait une série de questions qui ne cessaient de me préoccuper. Comment parler d'acte pur lorsqu'il s'agit de réactivité ou d'impulsion égotique ? N'y a-t-il pas un risque d'utiliser cet enseignement non duel pour justifier et valider des comportements dénués de respect et de conscience ? Je comprenais bien qu'il n'existait pas de mauvaise action en soi mais il y avait, chez moi et chez l'autre, des réactions qu'il ne me semblait pas correct de cautionner sous prétexte que la Conscience s'exprime. L'honnêteté me semblait essentielle en cette affaire et je n'avais aucune envie de détourner la beauté et la profondeur de cette dharana pour me dédouaner de mes responsabilités.

Comme sa vérité m'échappait et qu'il me semblait très difficile d'y accéder directement, j'ai commencé par interroger l'habitude de juger et de contester ce qui me trouble ou me dérange.

Mes jugements et ma conception du bien et du mal dépendent de mes conditionnements et de la manière dont j'interprète les faits. Tant que ma vision part de mon point de vue, je ne peux sortir de la pensée duelle. Comment faire pour trouver une vision plus large qui inclut les contraires, une pensée qui n'oppose pas mais réunit ?

Pour voir l'autre avec clarté, mes opinions, mes projections et mes croyances ne doivent pas interférer : le moindre jugement occulte sa vérité. Il me faut quitter le royaume du mental et son attachement aux critères externes pour me situer sur un plan plus large, celui de l'être. Là, je rencontre l'autre. Je ne suis plus attachée à son histoire, je l'écoute avec tous mes sens ouverts. Mon être le reçoit en direct et je ressens une intimité incroyable avec sa vérité fondamentale. C'est un acte d'amour.

En osant aller au cœur de ce que l'on perçoit, nous accédons à une connaissance immédiate, dégagée de tout critère externe. Cette vision qui plonge dans la profondeur nous mène de manière inéluctable à la Source unique. La Source qui inclut tous les contraires.

Finalement, la vision duelle vient d'un manque d'amour. Nous avons tellement de mal à nous ouvrir et à entrer en contact avec l'instant. Nos convictions nous coupent de la beauté fondamentale qui imprègne le réel et nous empêchent de réaliser la vérité de la non-séparation.

Tout ce qui se produit dans le monde, dans ma vie, est exactement ce qui doit advenir. En m'ouvrant à la vérité de l'instant, je ne peux plus douter ni souffrir de cette évidence. Ma seule tâche maintenant est d'aimer toujours plus intensément le réel et d'incarner l'amour au quotidien.

L'amour véritable n'est ni passif ni mièvre, il est à la fois doux et féroce. Il ne cautionne ni n'encourage la bêtise, la cruauté, le manque d'honnêteté ou de conscience. Il ose exprimer son désaccord car il n'est ni lâche, ni désengagé. Mais il ne sait ni juger ni condamner, il aime quoi qu'il se produise. Son ouverture lui permet de comprendre les faits et les actes à un niveau plus essentiel que celui de la morale et des codes sociaux. Sa simplicité lui permet de voir que tout émane de la Source unique.

VIII

L'unité

Un objet ordinaire

80. En fixant le regard sans cligner
sur un objet ordinaire,
la pensée perd tout support
et on parvient sans tarder à Shiva.

Je me souviens de mes premières méditations où je plaçais devant moi un caillou que j'avais pris soin de choisir au gré de mes balades. Au début, c'était laborieux, mon regard se focalisait sur l'objet ; mon mental se tendait dans une concentration excessive dans l'espoir que quelque chose se passe. Rapidement, la fatigue me gagnait et mon esprit en profitait pour partir loin de ce moment, loin de ce caillou.

Au fil des années mon regard s'est détendu, il est devenu plus doux et plus large. Je n'avais plus besoin de cerner le caillou ni de l'enfermer dans une localisation précise. Je laissais sa présence silencieuse entrer en moi et quand j'abaissais les paupières pour réhumidifier les yeux, je le faisais très lentement, sans couper le contact.

Ce qui est intéressant avec un objet ordinaire, c'est qu'il ne peut pas servir de support au mental pour élaborer toute sorte de scénarios. À court d'histoires, il cède rapidement la place soit à la présence, soit à l'ennui.

Dans cette méditation où le caillou me servait d'ancre pour me ramener dans le moment, j'ai appris à simplement être présente. N'attendant rien de particulier, j'ai pu me déposer dans l'être. Le caillou a cessé d'être un objet séparé, il a fondu dans l'espace environnant. La distance entre nous, qui au début me donnait le sentiment d'être éloignée et séparée, est devenue un espace d'intimité incroyable. Au sein de ce vécu d'unité, le caillou et moi-même continuons d'exister tout en restant immergés dans l'immensité indivise de la Conscience. La séparation s'avère un concept vide de vérité.

La contemplation d'objets ordinaires suspend le bavardage du mental et nous propulse dans un moment de pure présence si nous laissons leur simplicité nous toucher en direct. Plus ils sont sobres et ordinaires, moins ils stimulent le mental. La contemplation de la nature a aussi le pouvoir de détendre le mental, notamment les arbres, avec lesquels je me suis aussi beaucoup exercée. Face à la présence silencieuse et parfois imposante d'un arbre, naturellement le regard s'ouvre, la pensée s'apaise. Nous ressentons assez vite qu'il n'est pas nécessaire d'être quelqu'un face à un arbre et que si nous voulons le contempler à notre aise, il est même préférable de ne pas se créer en tant que sujet séparé. Nous goûtons alors un moment d'unité simple et naturel.

L'INTIMITÉ AVEC TOUTE CHOSE

104. Lorsque l'attachement au corps se dissout,
la réalisation « je suis en toute chose » s'actualise.
Ne plus voir l'altérité rend heureux.

Pour voir un être humain, il nous faut ouvrir le champ de notre attention et l'écouter avec tout notre être. Lorsque le mental est déposé dans l'espace du cœur, il est silencieux. Nous ne connaissons pas l'inconnu qui nous fait face, même si cela fait dix ans que nous le côtoyons. Nous le découvrons dans l'instant en cessant d'imaginer ce qu'il va dire ou faire. Offrons-lui l'espace d'être ce qu'il est et de nous surprendre.

Dans cette position d'écoute pure, nous ne sommes pas identifiés au corps physique mais déposés dans la profondeur et la vastitude de notre être. Nous oublions notre image et notre monde pour nous donner à la beauté de l'instant.

Notre disparition en tant qu'entité circonscrite à notre enveloppe corporelle entraîne la disparition de l'autre en tant qu'entité distincte. Nos deux présences appartiennent au même champ vibratoire. Dans cet espace de pure présence, nous sommes à la fois *un* et *singulier*. Il y a une vraie beauté dans le fait de ressentir à la fois l'unité et la spécificité de nos êtres. Ce miracle est possible quand le mental n'intervient pas pour nous dire que l'autre est comme ceci ou comme cela. Nous n'avons pas besoin de savoir qui il est, car la vérité du vécu est tellement intense qu'elle l'emporte sur les histoires. Deux êtres humains qui vivent cette unité connaissent un moment de bonheur pur. Il n'est pas nécessaire de se toucher physiquement pour vivre cette intimité, le regard suffit ou le simple fait d'être assis ensemble.

Lorsque nos êtres se touchent sans filtre, l'intimité est telle qu'une sensation de panique peut vite surgir et nous couper de l'expérience. Dans ce vécu d'unité nous sommes nus, aucune protection, aucune manipulation n'est possible. Peu d'êtres peuvent se laisser toucher par l'intensité brute et palpable du vrai. C'est la raison pour laquelle nous avons tant besoin de parler, de nous accrocher à tout ce que nous pensons afin de ne pas prendre le risque de fondre dans l'espace de pure présence qui anéantit l'altérité.

Nous pouvons nous entraîner à vivre cette profonde intimité avec les arbres afin de nous aguerrir. La douce présence d'un arbre est rassurante, elle nous familiarise avec le contact direct. Nous oserons peut-être alors plonger dans l'intimité avec un être humain, là où le contact se révèle le plus touchant et le plus troublant.

Lorsque je me promène dans la petite forêt derrière la maison, mon regard touche les arbres. Je me laisse pénétrer par leur présence sans les objectiver, sans m'attacher à leur image. Ils deviennent transparents et me révèlent le continuum vibratoire qui nous relie et nous rassemble.

Immergée en cette texture douce, lumineuse et illimitée, je goûte le nectar de la Réalité. Le silence devient profond et puissant, mon cœur palpite d'émerveillement. Parfois, lentement mes bras s'ouvrent et quelques mouvements de Qi Gong se déploient. J'embrasse la forêt, je me sens en totale communion avec elle. Ce vécu d'unité révèle l'Ultime qui nous donne forme. Je goûte ce secret partagé, en silence, une gratitude infinie dans le cœur. Je comprends enfin ce que veut dire « la grande circulation », l'échange avec la totalité de l'univers. Je touche le ciel, je touche la terre, je reçois leur qualité subtile dans mes mains. Le champ de mon corps est perméable. Par de lents mouvements circulaires, je récolte l'énergie ambiante des arbres, de la terre, du ciel, et je laisse mon être s'accorder à la totalité.

La non-séparation est notre état naturel et nous le retrouvons dès que le mental ne nous distrait plus de la vérité de l'instant par ses commentaires ou ses opinions. Il s'agit de s'entraîner à ne plus lui accorder toute notre attention, de demeurer dans le fond de l'être, le cœur largement ouvert, avec le désir sincère de goûter tout ce que le réel nous offre dans l'instant, en étant attentifs à ne pas le dénaturer avec nos impressions passées, nos attentes et nos projections.

C'est une position d'une extraordinaire simplicité, mais tant que le mental maintient son emprise sur notre esprit, elle est difficilement accessible.

La conscience est identique dans tous les corps

*107. Ressentir que la conscience
dans son propre corps et celui de l'autre est identique.
Sans plus se préoccuper de son corps,
on devient la totalité.*

Dans nos échanges, si l'attention est sous l'emprise du mental, elle saisit chacun des propos énoncés par l'autre et la dynamique de l'argumentation a vite tendance à s'activer.

En revanche, si l'attention prend racine dans le cœur, elle reste ouverte car le cœur est par nature réceptif. L'écoute devient alors plus tactile, plus globale. Nous restons intéressés par l'échange intellectuel mais nous sommes moins préoccupés par les détails de surface. Être engagé dans une discussion à partir du cœur a un réel impact sur notre interlocuteur qui se sent accueilli dans tout ce qu'il est. Il peut se détendre, il a moins besoin de défendre son point de vue. L'interaction s'adoucit. Sous le partage des idées se trouve un échange plus subtil où nos êtres partagent de nombreuses informations que la raison ne peut saisir.

Lorsque je suis face à ma fille qui me raconte ses aventures, mon attention est déposée dans le cœur. J'aime écouter avec tout mon être cette jeune femme passionnée qui a toujours beaucoup de choses à partager.

Parfois au cours de notre discussion, une plage de silence émerge. Nous cessons de parler et nous nous donnons au silence sans qu'aucune gêne ne s'installe. Dans ce moment de présence, chacune de nous savoure le simple fait de se sentir être. Tout notre corps devient un organe réceptif, nous ne pensons pas l'autre, nous le goûtons. Nous ne le ressentons pas à l'extérieur de nous mais en nous. Sans objectiver ce vécu, nous percevons un seul corps qui n'a ni forme ni limite.

En s'oubliant dans cette immensité de présence, la mère et la fille disparaissent. Il reste la saveur unique de l'instant que plus aucune opinion ne vient entacher.

J'aime observer mes moments de trouble lorsque des sujets plus sensibles sont abordés. Sur le vif, je peux sentir mon attention se rétracter. La mère et la fille deviennent deux entités séparées qui s'opposent, chacune ayant sa vision du monde en fonction de son âge et de son histoire. Tout d'un coup, l'échange est moins fluide, moins doux. Je constate le retour de mon individualité sous la forme de croyances et d'opinions auxquelles je suis encore identifiée. Dans l'instant, je les questionne : « Est-ce absolument vrai ? Le contraire n'est-il pas aussi vrai ? » Le cœur et l'esprit s'ouvrent, je me rassois dans la profondeur de mon être, me voici de retour dans la vastitude de la Conscience qui englobe tous les opposés. Je constate, une fois de plus, combien le mental a le pouvoir de voler notre attention et d'occulter le réel. L'ayant démasqué, il disparaît et la Conscience resplendit. Je n'ai plus d'opinions ni de point de vue à défendre. Tout est juste, tout s'écoule à partir de la Source unique.

La Conscience n'a pas de préférence. Si le mental n'intervient pas et que l'on se laisse être en toute simplicité, la conscience individuelle acquiert les qualités de la Conscience absolue. Elle n'a plus la possibilité de s'en différencier.

La dissolution dans la Conscience est ma pratique quotidienne. Mon corps physique est un infime reflet de cette Immensité. Le réalisant, je ne peux plus m'enfermer dans cette petite portion du Réel. Cette reconnaissance s'actualise d'instant en instant.

Chaque rencontre est une opportunité pour notre conscience individuelle de se dilater et de se dissoudre dans la Conscience universelle. En cette Conscience illimitée, toutes les individualités fondent. Elles forment un seul corps – le corps du Réel.

La vraie méditation

146. Un esprit stable, sans support ni caractéristique,
voilà la vraie méditation.
Les visualisations de divinités
ne sont pas la méditation.

Marcher sur le chemin de cailloux derrière la maison m'oblige à regarder où mes pas se posent. Ma capacité à les voir et à ressentir leur substance à même mon être me renseigne sur l'activité du mental. Si je suis en prise avec le futur ou le passé, je me sens distincte, enfermée dans le monde de mes espoirs et de mes craintes. Les cailloux perdent leur épaisseur, l'intensité de leur présence s'éteint. Cette sensation d'être séparée des cailloux m'indique que mon attention et mon intérêt sont absorbés par les constructions du mental. Dans ces moments-là, je marche à partir des épaules et non des jambes.

Dès que j'en prends conscience, je ralentis le pas et me laisse descendre dans le bassin, les jambes, puis les pieds, pour retrouver la réalité de l'instant. Le discours du mental se dissout dans le silence. Les cailloux reprennent de l'épaisseur. Je les sens en moi, je les touche et ils me touchent en direct parce que mon attention est complètement ouverte. Celle-ci n'est plus sous l'emprise du *moi* et de son besoin de sécurité. Je m'ancre dans la présence des cailloux et le dépôt de mes pas, jusqu'à sentir la crispation de l'inquiétude se relâcher dans la tranquillité du Soi. L'unité retrouvée, je partage le silence avec les arbres, la terre et le ciel. Mon existence individuelle fond dans une existence une et globale qui contient toutes les formes de l'univers. Je perds toutes mes caractéristiques, je suis dans une très grande simplicité, un dénuement total. Voilà la vraie méditation.

La véritable méditation n'est pas liée à une technique ni à une concentration sur des images, elle est beaucoup plus simple et directe. Il s'agit de s'asseoir en soi-même et d'être avec ce qui est, sans chercher ni à le modifier ni à le contrôler, puis de laisser le champ de notre attention s'ouvrir et d'accueillir sincèrement ce qui se présente. Nous ne sommes pas animés par l'ambition d'atteindre des états de conscience modifiée ni de devenir meilleurs, mais par l'intention d'être vrais. Tout est là, mais si nous avons la moindre attente, le moindre doute, nous ne pouvons pas goûter la plénitude de notre vraie nature. Repousser ce qui nous fait peur, nous accrocher à nos demandes, vouloir vivre uniquement ce qui est agréable est une forme de refus. Ce refus nous coupe de nous-même. Cette recherche de l'agréable et du rassurant occulte la bonté intrinsèque du vrai. Sans réserve et avec une confiance totale, donnons-nous à l'instant.

S'asseoir avec ce qui est là, c'est simple et direct ; il n'y a rien d'autre à faire qu'être avec ce qui est. Cet « être avec » est tellement entier qu'il abolit toute séparation. Pas besoin de lutter quand tout est en nous. Cela exige de s'asseoir dans le refus, dans les émotions intenses, dans le trouble, sans chercher à en sortir ; de s'abandonner au sein de n'importe quelle circonstance. Humblement s'asseoir avec ce qui est, sans se raconter d'histoire, sans se justifier ; se dédier entièrement à la vérité de l'instant.

Se dédier à une seule pratique

148. Si l'on s'adonne à une seule des pratiques décrites ici, on connaîtra une plénitude s'approfondissant de jour en jour jusqu'à vivre une plénitude illimitée.

Il n'est pas nécessaire d'éprouver toutes les pratiques du Vijñanabhairava. Il suffit de se dédier à une seule d'entre elles jusqu'à toucher notre vraie nature. Quels que soient les évènements, les situations et les êtres que nous rencontrons sur notre chemin, nous tâchons de demeurer dans cet essentiel de nous-même. Nous ne refusons aucune des propositions de la vie qui toutes, sans exception, peuvent nous mener à l'ultime Réalité. Malheureusement, nous avons tendance à trop vite les juger inacceptables en l'état. Nous faisons tout notre possible pour modifier le cours du réel afin de le rendre agréable selon nos propres critères. Mais ces critères, dictés par notre moi, entretiennent la peur et la souffrance et nous enferment dans sa sphère limitée. Ses attentes et ses réclamations blessent notre nature. Nous trahissons notre vérité profonde en leur accordant notre adhésion.

Chaque dharana est un moyen de court-circuiter le *moi*, assemblage disparate de convictions, de mémoires et de réactions qui occulte la splendeur du Soi. Quand nous reconnaissons la limite de sa vision et acceptons de voir le réel pour ce qu'il est, nous goûtons une plénitude qui ne doit rien aux circonstances extérieures mais qui provient directement de notre nature.

S'engager pour la clarté et l'amour, c'est le contrat que je passe tous les matins avec le réel. Appréhender les situations dans leur ensemble, en arrêtant de me rétracter sur mon point de vue. Laisser la beauté et la bonté de ma vraie nature s'ouvrir comme une fleur avec la lumière du jour. À mesure que cette fleur s'épanouit, mon sentiment de plénitude s'approfondit et se stabilise.

Parfois le *moi* se manifeste sous la forme d'une réaction. C'est ma pratique du jour. J'ai immédiatement le désir de plonger au cœur de ce qui s'exprime : une peur que je n'ai pas encore assez reconnue. Je ne sais plus résister, ni prétendre. Chaque réaction est une opportunité de transformation et de liberté dont, pour rien au monde, je ne me priverais.

Dans ces moments, je remercie la Conscience qui, sous la forme d'une personne ou d'un événement, m'offre cette leçon.

Notre vraie nature

109. Shiva est omniscient,
tout-puissant et omniprésent.
Nous sommes identiques à Shiva :
reconnaissons notre nature Divine.

La Conscience est l'unique Réalité, le maître Ultime. Notre seule pratique est de laisser notre conscience individuelle contractée fondre dans la Conscience illimitée.

Cette pratique consiste en une détente profonde du corps, du cœur et de l'esprit. Ce qui ne signifie pas être complaisants ou se déresponsabiliser par rapport à nos réactions ou nos émotions. Nous restons au contraire pleinement engagés et intéressés par tout ce qui nous traverse. Mais nous laissons le réel être ce qu'il est. Sans plus saisir les événements, nous les laissons intègres dans leur réalité première. Nos mouvements de défense s'estompent et nous pouvons alors fusionner avec le réel.

Dans cette pratique ultime, nos idéaux de perfection et de performance tombent un à un. Nos manipulations et nos stratégies perdent leur attrait et nous retrouvons la fraîcheur d'un enfant émerveillé. Nous prenons le risque de rester nus, sans plus nous protéger derrière une image ou un rôle. Nous sommes simplement ce que nous sommes dans l'instant.

Être à partir de sa vraie nature a une tout autre saveur qu'être à partir de l'ego. Dans notre vraie nature, nous avons une sensation d'épaisseur et d'espace parce que nous ne sommes plus rétractés dans le monde illusoire de nos constructions mentales. Nous n'avons plus besoin d'affirmer quoi que ce soit. Le sentiment d'être est si plein que le sentiment de manque et d'isolement disparaît. Nous nous sentons reliés à la totalité d'une manière si intime que nous ne pouvons plus nous différencier de cette totalité. Nous faisons Un avec le réel.

Le jour où j'ai compris dans ma chair ce que voulait dire « prendre la responsabilité de sa réactivité », un retournement radical s'est produit. J'ai découvert la bonté inhérente au fait de ne plus projeter sur l'autre mes demandes et mes peurs.

Je me sentais tellement démunie et misérable quand je demandais à l'autre de me donner de l'attention et de me sécuriser. Ces besoins projetés à l'extérieur maintenaient ma fragilité et me rendaient aveugle. En prise avec mes attentes, je ne pouvais ni voir l'autre ni reconnaître la vérité de ma propre puissance.

Projeter à l'extérieur ce que je ne veux pas ressentir me prive d'une partie de moi-même et m'affaiblit. Quand j'ai pu rester en contact avec mes réactions, m'ouvrir pour leur laisser l'espace de s'exprimer et de se libérer en moi, j'ai gagné en puissance et en stabilité. Les émotions ou les sensations difficiles ont cessé de se transformer en plaintes ou en accusations. J'ai pu les accueillir telle une mère patiente et les aimer jusqu'à toucher leur noyau le plus tendre.

Nos réactions sont la partie la plus ingrate de nous-même, la moins avouable. Pour cette raison, il est plus confortable d'en faire un problème extérieur. Nous avons ainsi l'illusion de pouvoir nous en débarrasser. Or, ce faisant, nous perdons l'opportunité de toucher le Soi, à savoir ce que nous sommes quand plus aucun mouvement de défense ne nous empêche de résider dans notre nature.

Bien que nous n'en soyons pas conscients, nous sommes immergés dans notre vraie nature.

Certains jours nous pouvons décider d'agir non pas à partir des impératifs de l'ego, mais à partir de la bonté innée de notre nature, et constater ce qui change dans notre rapport au monde et aux autres.

Nous pouvons nous entraîner à rester dans l'ouverture en ne saisissant rien, en laissant le réel être ce qu'il est, sans plus nous préoccuper de notre sort. Le réel est toujours bon, jamais retors, seuls nos scénarios menaçants nous font croire le contraire. Aussi, nous pouvons nous abandonner en toute confiance.

Libres des attentes et des possessions, nous devenons l'égal de Shiva.

L'intuition

147. L'adoration ne consiste pas
en offrandes de fleurs ou autres dons
mais en une intelligence intuitive
établie dans la Conscience
et exempte de pensées duelles.

La plus belle offrande que nous pouvons faire au divin, c'est de nous relier à notre intuition plutôt qu'aux impératifs de notre ego. L'intuition est ce que nous percevons d'emblée avant que le mental n'intervienne, une perception directe où nous recevons les informations vibratoires de l'environnement avec tout notre être. Si nous ne sommes pas alertes et attentifs, ces informations sont immédiatement étouffées par les besoins de l'ego qui recherche avant tout son intérêt au sein de chaque situation. Il sélectionne celles qui vont dans son sens et bien souvent les déforme pour qu'elles correspondent à son système de croyances.

L'intuition est une intelligence réceptive qui s'accorde au flot toujours neuf et changeant du réel. Elle se présente sous forme d'évidences fulgurantes auxquelles on peut apprendre à se fier en toute confiance.

Notre vraie nature désire l'instant tel qu'il se présente. Notre *moi* le refuse. Les mouvements de saisie et de rejet sont des formes de refus, dans le sens où nous ne laissons pas le réel être ce qu'il est. Immédiatement nous l'interprétons et nous réagissons. L'ambivalence interne à laquelle nous sommes régulièrement confrontés vient de ce décalage entre les désirs du *moi*, qui sont essentiellement des désirs de sécurité, et le désir d'unité de notre vraie nature.

Chaque jour, nous pouvons rester aussi vierges et disponibles que la toile blanche qui attend l'inspiration de l'artiste. Nous pouvons humblement reconnaître ne pas savoir ce que nous devons vivre en laissant instant après instant la vie nous le montrer. Dès que nous constatons une résistance, plutôt que de la nier nous lui offrons l'espace de notre écoute bienveillante. Nous prenons en charge l'émotion qui l'accompagne, même si ce n'est pas confortable. Si nous accueillons l'émotion comme on prend un enfant dans ses bras lorsqu'il hurle, immédiatement l'inconfort disparaît. Il ne reste plus que l'intensité brute qui doucement s'estompe jusqu'à disparaître dans le silence. L'ego se détend et nous retrouvons l'espace ouvert du Soi.

Nous sommes à nouveau accordés à l'instant, immergés en sa substance. Les différents courants vibratoires qui le constituent nous indiquent où diriger notre attention : ordinateur, cuisine, fenêtre, jardin. Le cœur et l'esprit ouverts, nous recevons les instructions du Réel en direct. L'action se fait sans effort parce que notre volonté est fondue dans celle du Réel. C'est Lui qui agit à travers nous.

La vie, patiemment, m'a démontré que la satisfaction et la sécurité extérieures sont évanescentes et qu'il me faut revenir vers ma vraie demeure pour trouver la plénitude immuable. À force de leçons, parfois brutales, j'ai touché les délices de l'Unité qui survient lorsque l'ego fond dans la réalité de l'instant. J'apprends au gré des défis à parfaire mon abandon en laissant mes doutes, mes inquiétudes et mes attentes brûler sur l'autel du Réel.

Laissons la vie et ses enjeux éroder les désirs de l'ego afin qu'il s'assouplisse et se distende jusqu'à devenir aussi vaste que l'univers. Notre intuition a le pouvoir de se déployer et de s'approfondir sans limite. L'adoration devient alors continue.

L'ÉVANESCENCE DE TOUTE CHOSE

160. Ô Belle aux yeux de gazelle !
Maison, village, ville, pays, fils, femme, parents,
tout ce dont on peut s'emparer,
il faudra l'abandonner complètement !
À quoi bon ces choses évanescentes ?
Seul le suprême trésor est permanent !

La solitude de l'ermite, je la désirais déjà très jeune. Je voulais me retirer au fond d'une grotte, sans plus me préoccuper du monde et plonger dans la profondeur de mon être. J'ai rapidement compris que ce n'était pas le moment. Ma vie de fille, de femme, de mère et d'artiste demandait à être explorée jusqu'au bout pour que mes attentes et mes imaginaires se vident. Ce vécu très concret, avec lequel on ne triche pas, a permis à mon ego de mûrir et de s'ouvrir.

Aujourd'hui, la vie m'offre un ermitage. Je peux enfin éprouver dans ma chair la solitude sans distraction. Dans ce face-à-face silencieux, j'observe la puissance créatrice du mental. Je le vois, tel un enfant inquiet et exubérant, créer une réalité par-dessus la simplicité de l'instant. Il cherche à capter mon attention mais je n'ai plus goût à ses histoires.

Tous les jours, pour dissoudre l'imprégnation du mental dans le corps-esprit, je m'adonne au Qi Gong, au yoga ou à des tâches simples et concrètes. Ancrée dans la pure présence, une histoire réussit parfois à me séduire. Perçue sur le vif, elle s'évanouit telle une image sans consistance. Le silence est de retour, un silence plein, palpable. Le mental au repos, je peux à nouveau goûter la texture de l'instant en toute quiétude.

C'est impressionnant de voir qu'il suffit d'un rien pour basculer dans le monde du mental et d'ainsi perdre de vue le Réel, au point de l'oublier. Le contrepoint le plus efficace que je connaisse pour parer à cet oubli, c'est le ressenti de sa propre présence, toute l'attention en contact avec ce qui est là. Dans cette vision directe, il n'y a pas d'histoire, pas de créature, pas de monde. C'est un vécu qui ne scinde pas la perception en deux, qui ne crée pas un sujet qui voit et un objet qui est vu. Il laisse le réel dans son Unité originelle.

Il s'agit de réapprendre à goûter la simplicité du Réel. Sa plénitude s'offre sans faire de bruit. Sa douceur subtile ne s'impose pas. Nous la touchons dans le néant de nous-même.

Notre désir de plénitude est légitime puisque c'est notre origine et notre essence. Mais l'adhésion aveugle au monde imaginaire du mental nous coupe de notre substance. Sous l'effet magnétique de ses créations, nous en oublions notre origine. Il s'agit de démasquer ce jeu du mental auquel nous nous sommes livrés en toute innocence. En créant une scission interne au sein de notre vécu, il génère inquiétude, insatisfaction et souffrance.

Nous sommes tellement plus vastes et pleins que le monde étroit et inconsistant du mental. La félicité est en nous, intègre, totale, depuis toujours.

Seule, assise les jambes croisées, je regarde le paysage blanc. Le vent siffle. Je ne veux rien, je ne désire rien d'autre que ce moment dans son dénuement le plus complet. Dans le vide apparent de cet instant, il y a tout ce que j'ai cherché, tout ce que j'ai désiré. J'en goûte la texture, vide de toute distraction mentale. La plénitude irradie de sa substance même.

Je ne me suis pas détachée de qui ou quoi que ce soit, j'ai simplement cessé de lutter. Je peux résumer ma vie de pratiquante à ce seul mouvement : ne plus résister, se détendre, faire confiance.

L'Absolu n'est jamais ailleurs qu'en ce moment, dans ce moment tout simple où je regarde par la fenêtre, où je tape sur mon clavier, où je coupe du bois. Entière dans l'action, dans la perception, je ne suis plus.

Le Réel resplendit, c'est aussi simple et beau qu'un flocon de neige qui tournoie dans le vent.

Nathalie Delay, *La plénitude du vide*, 2014.

Liste des *dhāranā* commentées

62. Dès que l'esprit quitte une chose, arrête-le ! Ne le dirige pas vers autre chose. Dans cet espace intermédiaire, la Conscience s'épanouit. p. 121

65. Considère à la fois l'univers et ton corps, dans leur totalité, emplis de félicité. Ressens ce nectar au plus intime de ton être et identifie-toi à cette suprême plénitude. p. 28

67. Lorsqu'on fait échec au flot tout entier (des activités sensorielles) par le moyen de l'énergie du souffle qui s'élève peu à peu au moment où l'on sent un fourmillement, le bonheur suprême se propage. p. 103

71. À la vue d'un ami ou d'un proche dont on a longtemps été séparé, une grande félicité surgit. Faire un avec cette joie. p. 154

72. Lors de l'expansion causée par la joie de savourer nourriture et boisson, adhérer de tout son être à cet état d'abondance et devenir la suprême Félicité. p. 49

73. Fondre dans la joie incomparable éprouvée lors de la jouissance musicale ou de tout autre plaisir esthétique. Devenir un avec cette joie en transcendant le mental. p. 54

74. Là où l'on trouve satisfaction, la nature de la félicité suprême se révèle, si l'on reste en ce lieu même sans fluctuation mentale. p. 63

75. Lorsque le sommeil n'est pas encore venu et que le monde extérieur s'est estompé, au moment où cet état devient conscient, la suprême Déesse se révèle. p. 33

76. Que l'on regarde l'espace qui apparaît tacheté sous le rayonnement du soleil ou d'une lampe, à cet endroit même, l'essence de notre propre Soi resplendit. p. 61

78. Assis sur un siège moelleux, le poids du corps déposé sur les fessiers, les bras et les jambes privés de support ; on accède à l'intelligence intuitive la plus haute. p. 89

79. Confortablement assis, les bras croisés, la pensée au creux des aisselles, grâce à cette absorption l'esprit s'apaise. p. 91

80. En fixant le regard sans cligner sur un objet ordinaire, la pensée perd tout support et on parvient sans tarder à Shiva. p. 165

82. Se tenant assis ou couché, que l'on évoque intensément son propre corps comme privé de support. La pensée libre de support, les tendances inconscientes s'effondrent. p. 124

83. Si l'on meut le corps lentement, le mental se calme et l'on entre dans le flot divin. p. 44

84. Contempler un ciel très pur, sans interruption, l'être tout entier immobilisé, à ce moment même, Ô Déesse, on atteint la nature de Bhairava. p. 57

87. Contempler les ténèbres pendant une nuit noire et sans lune et accéder à la forme de Bhairava. p. 59

89. Lorsqu'un obstacle s'oppose à la satisfaction d'un sens, l'esprit s'introvertit et s'absorbe dans un vide qui transcende toute dualité, ici même le Soi resplendit. p. 65

92. Méditer sur son propre Soi en forme de firmament illimité dans toutes les directions, alors la conscience, libérée de tout support, manifeste sa véritable essence. p. 127

94. Contempler l'inexistence de l'ego, du mental et des pensées. Sans pensées on est libre ! p. 131

96. Lorsqu'un désir surgit, observe-le et brusquement lâche-le. Il se résorbe alors, dans la source même d'où il a jailli. p. 68

97. Quand ma volonté ou ma connaissance n'ont pas encore surgi, qui suis-je ? Telle est la vraie nature du « Je ». S'identifier au sujet ultime « Je », s'absorber en Lui jusqu'à le devenir. p. 137

99. Toute connaissance est sans cause, sans fondement et fallacieuse. Elle n'appartient à personne. En contemplant cela, Ô Bien-aimée, deviens libre. p. 140

101. Si l'on réussit à immobiliser l'esprit alors qu'on est sous l'emprise du désir, de la colère, de l'avidité, de l'égarement, de l'orgueil, de l'envie, la Réalité de ces états subsiste seule. p. 73

103. Ne laisse pas ton esprit se fixer ni sur la souffrance ni sur le plaisir. Ô Bhairavī ! Connais l'état intermédiaire en lequel la Réalité seule subsiste. p. 83

104. Lorsque l'attachement au corps se dissout, la réalisation « je suis en toute chose » s'actualise. Ne plus voir l'altérité rend heureux. p. 167

105. La connaissance ou le désir n'existe pas seulement en moi mais se trouve partout, dans tous les objets. Réalisant cela, on devient omniprésent. p. 156

107. Ressentir que la conscience dans son propre corps et celui de l'autre est identique. Sans plus se préoccuper de son corps, on devient la totalité. p. 170

109. Shiva est omniscient, tout-puissant et omniprésent. Nous sommes identiques à Shiva : reconnaissons notre nature Divine. p. 177

115. Au-dessus d'un précipice ou d'un puits très profond, regarder le fond sans ciller, l'esprit libre de dualité conceptuelle, aussitôt la pensée se dissout. p. 114

116. Partout où va la pensée, vers l'extérieur ou vers l'intérieur, Ô Bien-aimée, là se trouve l'état divin ; celui-ci étant omniprésent, où la pensée pourrait-elle aller pour lui échapper ? p. 143

118. Dans la terreur ou l'anxiété, quand on surplombe un précipice, lorsqu'on fuit le combat, que l'on ressent la faim ou une vive curiosité, ou quand on éternue, ces états extrêmes sont la Réalité absolue. p. 76

121. L'intuition qui émerge de l'intensité de l'adoration est l'énergie même de la Conscience. L'invoquer régulièrement nous mène à l'Absolu. p. 147

123. La pureté à laquelle l'ignorant croit semble impure pour celui qui connaît Shiva. En réalité, il n'y a ni pureté, ni impureté. C'est pourquoi celui qui est libre de la pensée duelle est serein. p. 160

126. Ne t'attarde ni sur la haine ni sur l'attachement, et reste au centre. Libre de l'attachement et de la haine, la divine Conscience fleurit dans ton cœur. p. 79

131. À l'occasion d'affirmations comme « je suis, ceci est à moi », la pensée accède à ce qui n'a pas de fondement. Inspiré par cette méditation, connais la paix. p. 133

146. Un esprit stable, sans support ni caractéristique, voilà la vraie méditation. Les visualisations de divinités ne sont pas la méditation. p. 173

147. L'adoration ne consiste pas en offrandes de fleurs ou autres dons mais en une intelligence intuitive établie dans la Conscience et exempte de pensées duelles. p. 180

148. Si l'on s'adonne à une seule des pratiques décrites ici, on connaîtra une plénitude s'approfondissant de jour en jour jusqu'à vivre une plénitude illimitée. p. 175

156. L'air est exhalé avec le son « sa » puis inhalé avec le son « ham ». Alors la récitation du mantra « hamsa » est continue. La respiration est le mantra, répété vingt et une mille fois, nuit et jour, c'est le mantra de la suprême Déesse. p. 100

160. Ô Belle aux yeux de gazelle ! Maison, village, ville, pays, fils, femme, parents, tout ce dont on peut s'emparer, il faudra l'abandonner complètement ! À quoi bon ces choses évanescentes ? Seul le suprême trésor est permanent ! p. 183

Bibliographie

En français

Silburn Lilian, *Le Vijñana Bhairava*, Collège de France, éd. de Boccard, Paris, 1999.

Odier Daniel, *Tantra Yoga, Le tantra de la connaissance suprême*, éd. Albin Michel, Paris, 1998.

Joo Lakshman, *Sivaïsme du Cachemire, Le secret suprême*, éd. Les Deux Océans, Paris, 1989.

En anglais

Saraswati Satyasangananda, *Sri Vijñanabhairava Tantra, The Ascent*, éd. Yoga Publications Trust, Bihar School of Yoga, Munger (Bihar, Inde), 2003.

Joo Lakshman, *Vijñana Bhairava, The Practice of Centering Awareness*, éd. Indica Books, Varanasi (Inde), 2007.

Achevé d'imprimer en juin 2022.
Imprimé en Bulgarie.
Dépôt légal : mars 2022.